シリーズ 現代日本語の世界

佐藤武義
［編集］

現代方言の世界

大西拓一郎
［著］

朝倉書店

シリーズ《現代日本語の世界》
編集にあたって

　私たちは，話したり聞いたり，または書いたり読んだりする，目の前の日本語を観察すると，あまりにも変化に富み，かつ新しいことばが絶えず生まれていることを知り，感心するとともに驚くことが多い．

　この現代の日本語に，どうしてそのような変化が生じ，新しいことばが現れるのか疑問に思うが，これに答えることは容易ではない．しかし疑問に答えることが容易ではないからといってそのままにしておくことをせず，それに答えるべく努める必要がある．そのためには，現代日本語の生態を，多角的に観察・整理し，これを分析して疑問の生じた点や新しいことばが生まれる環境を提示して，「これが現代日本語の実態である」と示すことが重要である．

　本シリーズは，この現代日本語の実態を踏まえ，最前線の現代日本語の情報を分野ごとに，話題ごとにホットな形で提供しながら，疑問点や新しいことばの誕生を明らかにする意図のもと企画した．

　末筆ながら，意欲に満ちたこのような企画を提案された朝倉書店に厚く御礼を申し上げる次第である．

編　者

まえがき

　旅先でことばの違いに気づいた経験はありませんか．遠くに引っ越した時や，いろいろな地方から人が集まってくる学校・職場などで，相手のことばが自分と違うことに戸惑ったことはないでしょうか．土地によりことばが違う．それが方言です．

　生まれ育ったふるさとには，それぞれの地域のことばとしての方言があります．人はそのようなことば，つまり方言を身につけます．ですから，方言というのは，何も特別なものではありません．誰もが自分の中に持っていることばなのです．

　そのようなごく身近にある，ありふれたことばとしての方言について，考えてみようというのが，本書です．生活に密着したことばである方言の今，そして，来し方行く末を著者なりの見方に基づき書き記しました．

　第1章と第2章では，方言というのはどのような性質のことばで，日本全国にはどのような方言があるのかを解説しました．方言についての基礎的知識を得たい方は，ここから読まれると良いと思います．方言学の基本を理解している方ならば，読み飛ばしていただいても結構です．

　第3章以降は，方言がどのようにして成立したのかということを中心的なテーマに据えて書き進めました．勤務先の国立国語研究所には，時々，中高生が社会見学などで訪問してきます．その多くの場合に尋ねられるのが「どうして日本語には方言があり，どのようにしてそれができたのか」ということです．実は，これは難問中の難問です．方言学の究極的課題と言っても過言ではありません．

　このような方言の成立をめぐる議論は，最近の研究界でホットになりつつあります．本書の校正中にも『方言の形成』（岩波書店）という本が出版されま

した（そのため本文では言及できませんでした）．著者とは必ずしも立場を同じくするわけではありませんが，ことに成立論となると，さまざまな観点があるのは当然です．本書に記したことも，そのようにいろいろありえる考え方の中のひとつとして理解した上で読まれることをお勧めします．

　方言の成立を考える上で，地理的分布は避けて通ることのできない対象です．ことばの変化だけを説明しても，地理空間，すなわち，場所に応じて異なることばの違いとしての方言のありかたを説明したことにはならないからです．

　しかしながら，地理空間の問題は，ことばの問題以上に複雑です．地理空間に応じた多様な事象の一般を扱うにあたっては，各地域社会のありかた，地域相互の関係，人的交流など，さまざまな要素を考慮することが求められます．このことは，方言分布を考える場合でも同じですから，隣接科学としての地理学の考え方も活用することが求められる複合的な研究分野であるわけです．そのような地理学の先端的な考え方や手法については，これまた校正中に朝倉書店から出版が開始された「シリーズGIS」が参考になると思います．

　このように第3章から後ろは，やや専門的でしかも方言学の最前線とも言える分野を扱っています．方言学の専門家の方にも得られる点があれば幸いです．ただし，その分，とっつきにくくなったかもしれません．できるだけ，かみ砕いて書き記すように心がけたつもりですが，理解を妨げるようなところがあるとすれば，著者の力不足によるものです．

　方言の研究では，対象となる方言というものの性質上，空間や時間，また社会や自然などさまざまなことがらを総合的に扱うことが少なくありません．その点で言語の研究の中でもやや異彩を放っているように思います．しかし，それだけに知的冒険に満ちあふれています．本書により少しでもそのような冒険の楽しさに触れていただくことができましたら，著者としても望外の喜びです．

　2008年5月

　　　　　　　　　　　　　　　　　　　　　　　　　　　　大西拓一郎

目　　次

第1章　方言とは何か ……………………………………………… 1
1. 方言・言語・共通語　1
   (1) 方言の定義　1
   (2) 言語と方言　2
   (3) 基礎語彙の音韻対応　2
   (4) 共通語・標準語　4
2. 言語体系としての方言　5
   (1) 言語の体系性　5
   (2) 方言の文法　5
   (3) 信州のズラとラ　5
   (4) 庄内の活用　7
3. 方言の分類　8

第2章　日本語の方言 ……………………………………………… 11
1. 方言区画　11
2. 東部方言　13
   (1) 北海道方言　13
   (2) 東北方言　13
   (3) 関東方言　14
   (4) 東海東山方言　15
   (5) 八丈方言　15
3. 西部方言　16
   (1) 北陸方言　16

(2) 近畿方言　16
　　　(3) 中国方言　17
　　　(4) 雲伯方言　17
　　　(5) 四国方言　18
　　4. 九州方言　18
　　　(1) 豊日方言　18
　　　(2) 肥筑方言　19
　　　(3) 薩隅方言　19
　　5. 琉球方言　20
　　　(1) 奄美方言　20
　　　(2) 沖縄方言　21
　　　(3) 先島方言　21

第3章　方言の形成 …………………………………………… 23
　　1. 方言の起源　23
　　　(1) 人間集団と言語　23
　　　(2) 地域社会をベースとした人間集団　23
　　　(3) 言語変化と方言　24
　　2. 外的変化　26
　　　(1) 接　触　26
　　　(2) 同音衝突　28
　　　(3) 類音牽引　28
　　　(4) 混交（混淆）　29
　　　(5) 誤った回帰　29
　　　(6) 民間語源（民衆語源）　30
　　　(7) 接触の起こり方　30
　　　(8) 接触の結果　34
　　3. 内的変化　34
　　　(1) 言語変化の法則　34
　　　(2) 音韻変化　35

(3) 類　　推　35
　　(4) 水 準 化　35
　　(5) 文 法 化　36
　　(6) 外的変化との違い　36
　4. 生活・社会　38
　5. 社 会 制 度　40
　6. 自 然 条 件　41
　7. 自然界のとらえ方　41
　8. 移　　　住　43
　9. 異言語の方言化　43
　10. 隣接伝播モデルと地理的配列　44
　11. 言語変化と方言の形成　45

第4章　方言の分布 ································· 49
　1. 分布の表し方　49
　2. 方 言 地 図　51
　　(1) 語形記入法　51
　　(2) 記 号 法　54
　　(3) 塗りつぶし法　57
　3. 分布の類型　57
　4. 周 圏 分 布　58
　　(1) 周圏分布の基本　58
　　(2) 空間と時間　63
　5. 逆周圏分布　64
　　(1) 周辺部が新しい分布　64
　　(2) 逆周圏分布のとらえ方　68
　6. 方言分布のとらえ方　69
　7. 新しい体系の形成　69
　　(1) 九州の「起きる」　69
　　(2) 東北の「する」　71

8. 東 西 対 立　72
   (1) 明瞭な対立　72
   (2) 東西対立のなぞ　74
   (3) 単調な東側・複雑な西側　74

第5章　地理情報としての方言　78

1. 方言に関する情報のありかた　78
2. 地 理 情 報　79
   (1) 空間情報の形式　79
   (2) さまざまな地理情報　80
3. 地理情報システム　80
4. 方言情報と言語外地理情報　81
   (1) 方言情報と地理情報　81
   (2) 方言情報と標高　82
   (3) 鉄道情報を加える　84
   (4) 標高をもとに立体図を描く　86
   (5) 方言情報と人口密度　87
5. 隣接伝播モデルのパラドクス　89
   (1) ことばの伝播　89
   (2) 伝播の方向　90
   (3) 威光という情報　91
6. 言語外地理情報に基づく分布形成へのアプローチ　93
   (1) 接触の基盤となる関係性　93
   (2) 言語の運用を支える地域社会の特性　95
7. 方言情報と言語外地理情報の相関と齟齬　100
   (1) 年代的齟齬　100
   (2) 相関の一般性　101

第6章　方言の現在・過去・未来　104

1. 方言の現在　104

2. 変異の風俗化　　105
　　3. 民俗と風俗　　106
　　4. 現在から見た過去，現在から見た未来　　107
　　　(1) ハレとケのけじめ　　107
　　　(2) ハレの将来像　　108
　　5. 民俗と民族　　109
　　6. 常民を越えて　　109
　　7. 方言をとらえる視点　　110
　　8. 方言の未来を考える　　112
　　9. ことば・人間・地理　　114

索　　引 …………………………………………………………………117

第1章
方言とは何か

1. 方言・言語・共通語

(1) 方言の定義

ナンデヤネン（なぜなのか），ウマカ（おいしい），オバンデス（こんばんは）といったことばを耳にする機会は少なくない．こんなことばを聞いた時，ある人には懐かしく，ある人にはおもしろおかしく，またある人には耳障りに感じられることだろう．そして，多くの人は，これらのことばが方言だと知っている．少しもの知りの人なら，ナンデヤネンは関西，ウマカは九州，オバンデスは東北の方言だと教えてくれる．それでは方言とは何なのだろうか．

次の二つの文を較べてみよう．

　　ナンデヤネン（なぜなのか）は大阪の方言である．

　　大阪の方言にはナンデヤネン（なぜなのか）という言い方がある．

それぞれの文に現れた「方言」の意味には，違いがある．「ナンデヤネンは大阪の方言である」という場合の「方言」はナンデヤネンという言い回しそのものを指している．一方，「大阪の方言には…」という場合の「方言」は，大阪という特定の場所で用いられる言語全般を指している．

研究の世界では，これらを厳密に区別する場合，前者のような個別の言い回しや単語は「俚言」と呼び，後者のような特定の地域の言語の全般は「方言」と呼ぶ．

(2) 言語と方言

　ここで素朴な疑問がわかないだろうか．特定の地域の言語全般を方言と呼ぶなら，○○語と言うものとどこが違うのかということである．例えば，日本や中国という地域の言語全般を日本語とか中国語と言うなら，大阪で使われている言語全般を大阪語と呼んではいけないのだろうか．

　ここに方言のもうひとつの側面がある．方言というのは，○○語と言う場合の言語の下位区分であるということである．世界中には，たくさんの言語があり，英語・中国語・フランス語・スペイン語・日本語のように，しばしば，それぞれが用いられる国の名前を冠して呼ばれている．日本語の方言と言う場合，日本語というひとまとまりの言語の下位区分として，地域に応じた言語的異なりを指している．

　以上をまとめるなら，方言とは，特定の言語の中に存在するバリエーションであり，かつ，特定の地域の言語の総体を意味しているわけである．

(3) 基礎語彙の音韻対応

　ところで，○○語という扱いは，国家という政治的単位と無縁ではない．例えば，デンマーク語とスウェーデン語とノルウェー語は，純粋にことばとして見た場合，非常に近い関係にある．実際，それぞれの言語の話し手は，互いの言語を聞いて理解できる．その点では，方言に類似した存在である．しかしながら，それぞれが独立した国家を形成した上に立ち，規定されているので，これらは○○語と呼ばれている．

　われわれが日本国内を旅行して，地元の人たちが話すことばを耳にすると，ほとんど理解できないようなことがある．こんな時に，ちんぷんかんぷんでまるで外国語のようだったと言ったりする．しかし，聞いて分かるか分からないかということは，言語と方言を区別する指標にはならない．

　日本の近隣には，韓国語（朝鮮語）があり，国内にもアイヌ語という言語が存在している．これらは，日本語の方言ではないのだろうか．結論から言えば，これらは日本語の方言ではない．日本語のバリエーションであることが，証明されていないからである．

　それでは，バリエーションであるのかどうかは，どのようにして証明するか．

それは，基礎語彙と呼ばれるものを比較することで行われる．基礎語彙というのは，「耳」「花」「雨」のように人間にとって，文化や文明のありかたを越えて，普遍的に持っていることが想定される，きわめて基本的な概念を表す語の集団である．

　これら基礎語彙を集めて比較してみると，同系統の言語の中では，音の上での対応関係が，高い割合で確認されることが知られている．基礎語彙に限っているのは，もし，基本的概念から外れる語を対象にするなら，例えば，文化・文明史の上で新しい物や概念は，別系統の言語から借りる形で流入していることがありえるからである．例えば，「ラジオ」とか「書籍」といった単語で比較してしまうと，日本語は英語や中国語のバリエーションになってしまう．このような判定を避けるために，基礎語彙に限るわけである．

　このような比較をしてみると，韓国語やアイヌ語と日本語の間には，明瞭な対応関係が見いだされない．

　一方，奄美諸島から南，いわゆる琉球地方の島々で用いられている言語は，表面的には，本土のことばとかなり異なっている．しかし，例えば，基礎語彙で比較するなら

	本土	琉球
「耳」	ミミ	ミミ
「花」	ハナ	パナ
「星」	ホシ	プス

であって，母音ではア→ア・イ→イ・ウ→ウ・エ→イ・オ→ウ，子音ではハ行→パ行のように一定の対応関係が確認される．そこで，琉球の島々で用いられていることばも，日本語の方言であることが証明されるわけである．

　ここで気をつけておきたいのは，先に北欧の言語の例でも示したように，同系統であっても，○○語と呼ばれることもあれば方言と呼ばれることもありえるという点である．琉球の島々も，古くは琉球王国という国家を形成していたことがある．それが侵略・統合を経て，現在は日本という国に組み込まれたという歴史がある．もし，現在もこれらの地域が独立国家であったなら，この地域のことばは，方言ではなく，琉球語として扱われていたはずだ．

(4) 共通語・標準語

　方言と対比的に呼ばれることばに,「共通語」あるいは「標準語」がある.これらは,どんなことばなのだろうか.

　共通語と標準語は,実態はよく似ている．ときには,特に区別されないこともある．区別する場合,方言の異なりを越えて互いに通じることを目的として用いられるのが,共通語である．あくまでも,そのような目的のもと,通じると考えて用いられていれば,共通語である．通じると思うかどうかには,当然個人差がありえる．ときとして,特定の地域で用いられる単語でありながら,その地域の人たちはその地域独特の語であることを認識せず,他地方の人たちにも通じると考えて用いられるようなものもある．このような単語は「地方共通語」と呼ばれる．例えば,長野県の一部の人たちは,方向としての「前」のことをマエデと言う．「前に行け」をマエデニ行ケと言い,他の地方の人にも通じると考えている．このマエデのような単語が地方共通語である．

　一方,標準語は,その名のとおり,標準という規格を担う．規格は,明確なきまり事であり,例えば,ねじのサイズやねじ山の作り方は,JIS（日本工業規格）やISO（国際標準化機構）で規格化されている．厳密な意味で標準語という場合は,規格化された言語ということになる．日本語の中で,標準語に近いのは,検定教科書やNHKのアナウンサーがニュースで用いることばである．これらはある程度のチェックを受けている．

　しかし,正確には,これらも標準語ではない．表記方法に関しての規則や単語レベルの目安はあるものの,文法レベルの細かい表現や語彙全般に関する規則はなく,またこれらを規定する機関も存在しない．

　したがって,日本語には標準語はないということになる．一方で,多くの人々に通じる日本語はあるから,共通語はある．しかし,その共通語は,通じるという意識を背景にするものであるから,一定のものではなく,おのずと多様である．そのこと自体が,良いとか悪いということは問わない．ことばの隅々まで決められてしまうことが感覚的にいやだという人も多いはずだ．いやなことを押しつけることも,それはそれで道義的に問題だろう．

2. 言語体系としての方言

(1) 言語の体系性

　言語というものは体系的性質を持っている．言語には音韻・文法・語彙などいくつかの側面があるが，それぞれの側面が，かっちりとした構造体をなしている．そのような構造は，同じ言語の話し手に，かなりの部分で共有されていると考えられる．そうでなければ，話し手から発せられたことばが聞き手に受け取られ，理解されるという過程が考えにくいからである．

　この体系的性質というものは，方言であっても同じである．同じ方言の持ち主どうしが，話し，聞き，理解することができるということは，ほぼ同等の言語構造を共有しているからにほかならない．見方を変えるなら，異なる言語が通じないのは，言語構造が違っているからであり，同様に異なる方言が理解しにくいというのは，言語構造にある程度の共通性はあるにしても，完全な一致はせず，構造上のずれが存在するがゆえと考えてよい．

(2) 方言の文法

　方言には文法がある．言語の体系性，ひいては方言が言語として有する普遍的性格を考えれば，当然のことでありながら，このことは意外に思われることが少なくない．方言に対して，標準語や共通語の崩れたもの，間違った言い回しの集合体といったようなイメージが抱かれがちだからである．

　方言には文法がある．したがって，それぞれの方言では，こうは言えるが，こうは言えないということがある．その点，○○語と呼ぶものと何ら変わりはない．以下では，ごく簡単な実例をもとに方言が持つ文法を提示し，体系性に光を当ててみよう．

(3) 信州のズラとラ

　長野県諏訪地方には，推量を表すズラとかラといった言い方がある．このズラ・ラは，長野中部から山梨・静岡でも用いられるもので，比較的，他地方の人たちにもよく知られているし，地元の人たちも自分たちの方言の代表的な言

い回しと考えている．

　ところで，ズラとかラと述べたが，このズラとラに違いはないのだろうか．

　　明日，学校に行くズラ

　　明日，学校に行くラ

これは，ともに「明日，学校に行くだろう」を表している．

　　あそこは，おもしろいズラ

　　あそこは，おもしろいラ

これらも同じように「あそこは，おもしろいだろう」を表している．つまり，ズラ・ラは，ともに共通語の「だろう」に相当するわけで，推量を表している．ところで，「明日は雨だろう」はどうだろうか．

　　明日は，雨ズラ

これは，問題ない．ところが，「明日は，雨ラ」とは言えないのである．同じように推量を表して，

　　あの人，市長ズラ

　　お前が，言ったことズラ

とは言えるが，「あの人，市長ラ」「お前が，言ったことラ」とは言えない．

　ここから，ズラ・ラは，ともに「行く」「おもしろい」のような動詞や形容詞（これらはまとめて用言とも呼ばれる）には接続することができるが，「雨」「市長」「〜こと」のような名詞的なもの（体言とも呼ばれる）には，ズラは接続できるものの，ラは接続できないということが，とらえられた．

　では，用言に接続する場合は，どうだろうか．ズラ・ラともに接続できるという形式的な面では異なりがない．では，内容面で使い方に違いはないのだろうか．

　突然だが，季節は秋を想定してほしい．窓から外を眺めると，雨が降っている．しかも雨脚は，しだいに強くなるばかり．

　　これだけ降るということは，台風が近づいているズラ

この文脈では，ズラは使えるが，ラは使えない．これは，ちょっと専門的な話になるが，スコープとして知られる現象で，「これだけ降るということは」という前半の文が，後ろの「台風が近づく」という後半の文にどのように関わっているかに関係している．共通語では，「のだろう」「だろう」の使い分けがこ

れに近い．

　このようにズラとラは，それらが接続する語の性質に違いがあると同時に，用いられ方にも違いがあることが分かる．これがまさにこの方言の文法である．もし，方言に文法がなければ，こんな使い分けがあろうはずがない．

(4) 庄内の活用

　学校で教わる文法に活用というのがある．例えば，「書く」という動詞が「書かない」「書いた」「書けば」「書け」…のように変化することである．教科書の文法では，カ行五段活用とか，上一段活用とかいった名称を与えて語形変化のタイプを分類する．

　方言の世界に目を向けると，各地方言の活用には異なりがある．

　山形県の日本海側，庄内地方に位置する鶴岡市大山方言を例にとろう．ここでは「書く」は，次のような語形変化を持っていて，カ・タ行子音の有声化を除けば共通語と変わりがない．

　　否定　　過去　　終止　　仮定　　命令
　　書ガネ　書イダ　書グ　　書ゲバ　書ゲ

　しかし，「見る」は，次のようであって，命令形が共通語と異なる．

　　否定　過去　終止　仮定　命令
　　見ネ　見ダ　見ル　見レバ　見レ

「取る」にも違いが見られる．否定形に注目してほしい．

　　否定　過去　終止　仮定　命令
　　取ネ　取タ　取ル　取レバ　取レ

共通語と同じかどうかは，ともかくとして，このようなことを，もっと多くの活用形やたくさんの動詞を集めて調べてみると，この方言の動詞には，大きく分けて7種類の活用が存在することが分かってくる．そして，さまざまな語形変化は，表1.1のように整理できる（この表の詳しい見方については大西 (1994, 2001) を参照のこと）．

　重要なのは，語彙としての動詞の数は，かなりにのぼるけれども，どんな動詞でも基本的にこの7種のどれかの活用のタイプに所属し，ここに挙げた活用表のどこかに位置付けることができるということだ．つまり大量の語彙があっ

表 1.1　鶴岡市大山方言の活用表

活用形番号	書く kag	死ぬ sun	食う k	起きる ogi	答える kodε	開ける age	取る to	来る k	為る s	語幹 おもな後続の助動詞・助詞ないしは単独での意味・用法
1	a	a	a	—	—	—	o	a	nε（否定）
2	i	i	ue	—	—	—	i	u	ǫdε（希望）
3	i	i	ue	—	—	ri	i	u	soʀda（様態）
4	u	u	u	ru	ru	ru	ru	uru	uru	言い切り
5	u	@suɴ	uɴ	ɴ	ɴ	ɴ	ɴ	uɴ	uɴ	na（禁止）
6	u	u	u	Q	Q	Q	Q	uQ	uQ	ro（推量）
7	u	@suɴ	uQ	Q	Q	Q	Q	uQ	uQ	ke（過去回想）
8	e	e	e	re	re	re	re	oe	e	命令
9	e	e	e	re	re	re	re	ie	ue	nε（可能否定）
10	o	o	o	ro	ro	ro	ro	o	o	意志
11-1	a	a	a	×	×	×	×	a	seru（使役）
11-2	×	×	×	—	—	—	—	o	×	raseru（使役）
12	@kae	@suɴ	u	—	—	—	—	i	u	ta・da（過去）
13	@kae	@suɴ	u	—	—	—	—	i	u	ǫta・ǫda・(ɴ)da（継続過去）

| 活用のタイプ | 子音語幹1動詞 | 子音語幹2動詞 | 子音語幹3動詞 | 母音語幹1動詞 | 母音語幹2動詞 | 子音語幹4動詞 | 子音語幹5動詞 |

ても，少数の限られた枠で整理ができるということであり，これは言語の体系性の持つ一側面である．そしてそのような体系性が，ここに示したように，庄内方言の活用という文法現象の中に認められたことになる．

3. 方言の分類

　以上のように方言の持つ体系性が確認された．厳密な定義のもとで「方言」をとらえるなら，このような言語の体系的総体が方言ということになる．言語

の下位分類という観点から離れて，ことばそのものの性質として見る限りにおいて，方言というものの実態は，○○語というものと大きく異なることはない．つまり，中国語とか韓国語といったものと，東北方言とか近畿方言と言われるものには違いがない．

とはいえ，現実に○○方言と呼ばれるものの実態を考えた場合に，○○語と呼ばれるものとの間には，大きな隔たりがある．

そのひとつは，○○方言として，ある種「正しさ」をはかる基準がないということである．日本語を例にとるなら，共通語，もっと明確に記すなら標準語と考えられるものの持つ「正しさ」は確かにある．しかし，東北方言や近畿方言には，そのような基準はない．

もっとも，このことばにおける「正しさ」というのは曲者で，突き詰めると何が正しいのか，何をもって正しいというのかは，よく分からない．同じように共通語とか標準語と考えとらえられるものの中にも実際にはバリエーションが存在する．要するに，突き詰めれば，絶対的な基準はなく，程度問題なのである．

もうひとつは，使用される地理的な範囲の問題である．「日本語」といった場合には，その使用領域をかなり正確に線引きできる．しかし，例えば東北方言においては，隣接する関東方言との境界はそれほど明瞭ではない．グラデーションを持った連続体と言った方が適切である．さらには，同じように東北方言と言ってもその中に地域差が存在する．方言を細分類していくなら，小集落，あるいは隣家どうしまでたどりつき，おそらくきりがないであろう．

ただし，これも気をつけておきたいことであるが，○○語といった言語一般においては，使用領域がかなり明瞭に線引きできる日本語は，むしろ例外的である．国境とは別に，言語どうしの境界線が明瞭な言語の方が珍しい．国家どうしが地続きで歴史も複雑なヨーロッパなどでは，言語の境界が国家の境界に一致するとは限らないし，同一国家の中でも複数の方言的な同系統言語が，言語としての独立性を主張していることは少なくない．

さて，このように細分化には，きりがないとは言っても，ある程度の類似性があるのは確かである．そのような類似性の上に立って，おおまかにでも日本全体を見渡すと，地理空間上での境界が存在するのは間違いない．厳密な基準

の上で，分類したり，明瞭な線引きを行ったりすることは理論上無理であるにしても，おおづかみに日本の方言全体を見渡すことは，それはそれで大事である．次章では，分類基準や境界線のありかたにあまり踏み込むことはせずに，ごくおおまかに，日本全体の状況を概観してみることにしよう．

■引用文献

大西拓一郎（1994）「鶴岡市大山方言の用言の活用」国立国語研究所編『鶴岡方言の記述的研究』秀英出版

大西拓一郎（2001）「方言の活用表を作る——鶴岡市大山方言の場合——」国立国語研究所編『新「ことば」シリーズ13 「ことば」を調べる考える』財務省印刷局

第2章
日本語の方言

1. 方言区画

　日本に方言はいくつあり，それぞれの方言の領域はどのようであるのか．これはきわめて素朴な疑問でありながら，前章末尾で記したように，すっきりとした方針で答えられるものではない．

　この問題は，方言区画論と呼ばれるもので，その方法論などについては1960年代までにかなりさかんに論じられた（日本方言研究会編 1964）．しかし，最近では区画についての議論は，ほとんど見ない．ひとつには，ある程度方法論や案が出しつくされたこと，また，区画論はつまるところ分類論であって，それを踏まえつつも，別方向に研究の潮流が動いたことなどによるものと思われる（なお，区画論の経緯・学史は加藤（1977）に詳しい解説がある）．

　このような事情はあるにしても，現在の方言研究の世界で一般的に受け入れられている日本語の方言区画は東条操の区画である．ここでは，図2.1に加藤（1977）が東条（1954）を整理し直した区画と区画図を掲げる．

　この図が示すところは，日本語の方言は，まずは大きく本土方言と琉球方言に分類され，本土方言はさらに東部・西部・九州に分けられるといったように分類には階層構造があるということである．ここでは，この区画をもとに概観を進める．そして，以下においては，それぞれの方言の音韻（発音）・文法という，ことばとして基本的な二つの要素を中心に概観する．ただし，各地の特徴として挙げたものが，必ずしもその地域にしかないというものではない点や

第2章 日本語の方言

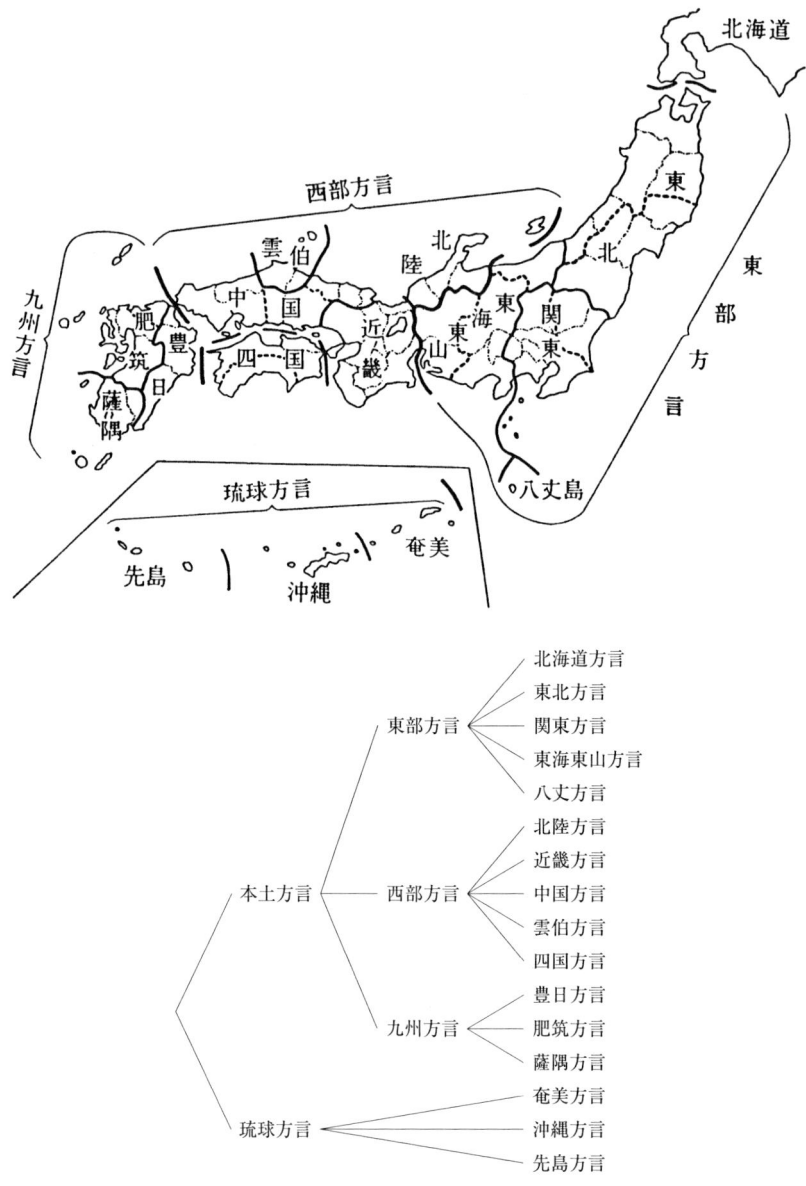

図 2.1 日本の方言区画

当該地域の中でも地域差がありえる点には，注意してほしい．なお，各方言区画について，Kandori（1968）を参考にして，読み方をルビで示した．

2. 東部方言

(1) 北海道(はっかいどう)方言

北海道は，沿岸部と内陸部でことばに違いが見られることがある．これは，北海道独特の事情によるもので，沿岸部は，東北方言に近い特徴を持つことが多いのに対し，内陸部は，明治時代以降の開拓の歴史を反映し，移住以前の地域の特徴を残していることがあるためである．沿岸部もおそらく東北地方から海沿いに移住があったものであろうが，内陸の移住に較べて時期が古い．内陸では，時折，西日本的な特徴が見られることがあるが，それは，まだ移住元の特徴が引き継がれているものと考えられる．

(2) 東北(とうほく)方言

音韻上の特色から見よう．

第一に，シとスとシュ，ジとズとジュ，チとツとチュの区別がないことが挙げられる．例えば，「梨」「茄子」，「知事」「地図」の区別が発音上なされないということである．この特徴からズーズー弁と言われたりもする．

また，単独の母音でのイとエの区別がない地域が広く見られる．「息」「駅」の区別がないわけである．ただし，単独でない場合のイ・エの母音の区別はある．例えば，「木」「毛」は音韻上区別される．

これだけ見ると東北方言は母音の数が少ないのではないかと思われるかもしれないが，6種類の母音を持つことが多い．共通語でのアイ・アエの連母音にあたる部分が[ε]（エァで表す）という共通語のエより広い母音で，例えば，「無い」はネァ，「前」はメァというように発音されるからである．

語中のカ・タ行音が濁音化してガ・ダ行音となることがある．ただし，濁音化してもガ・ダ行音との区別は保っている地域が広い．ガ音が鼻濁音（半濁点で示す）で現れ，ダ行音は鼻音をともなって発音されるからである．「柿」「旗」はカギ，ハダのように発音されるが，「鍵」「肌」はカギ°，ハ°ダのように発音

され区別がある．また，キは強い摩擦をともなって発音されるためチに近く聞こえる．

そのほか，歴史的仮名づかいの「くわ」「ぐわ」（合拗音と呼ばれる）を，例えばクヮジ（火事）のように発音し，中央の古い音を残していることも知られ，おもに日本海側に分布する．

また，北東北の特徴として，特殊拍と呼ばれる長音「ー」や撥音「ン」，促音「ッ」が短く発音される．青森県の新聞「東奥日報」を地元ではトニポと呼ぶ．

文法上の特色を見てみよう．

かなり広い地域で方向を表す助詞「サ」が用いられる．「東京サ行く」のような使われ方である．ただ，この「サ」の用い方には東北地方内部に地域差がある．「東京へ行く」のような，方向の意味ではほとんどの地域で「サ」が用いられる．しかし，「見に行く」のような特定の行動を移動の目的として表す場合，太平洋側では「見サ行く」のようにサが用いられるのに対し，日本海側ではおもにニが用いられる．一方，「ここにある」のように存在する場所を表す場合，日本海側では，「ここサある」のようにサが用いられるのに対し，太平洋側ではおもにニが用いられる．

そのほか，推量や勧誘を表す「ベー」という助動詞が広く用いられることも知られている．また，「猫」に対してネゴッコ，「お茶」に対してオチャッコのように，指小辞といわれる「コ」を名詞の末尾に付け，親しみのニュアンスを表すこともよく知られている．

(3) 関東方言

音韻上の特色としては，アイの連母音をエーと発音する地域が多い．例えば，「大工」をデーク，「高い」をタケーのように発音する．また，千葉県房総半島の南部ではカ行の語中の子音を脱落させ，例えば「畑」ハタエ，「聞く」キウのように発音する．

文法上の特色としては東北地方からの連続で，推量の「ベー」が用いられる地域が広く見られる．これは「関東べい」として古くより知られる．また，東北地方の指小辞「コ」に相当する表現で「メ」という言い方が栃木・茨城に知られる．「牛」をウシメ，「蚊」をカメのように言うものである．

(4) 東海東山(とうかいとうさん)方言

　大きく日本を東西に分けるときの境界地帯にあたる地域である．

　音韻上の特色としては，アイの連母音がやはりエーとなる地域が見られ，愛知県などでは，東北地方の［ε］よりさらに広い母音で発音する．また，語中のガ行音が鼻濁音である地域は関東地方よりも広い．

　文法上の特色としては，前章でも触れたように，推量や意志の助動詞としてズ・ズラが広く使われている．長野県には全県ではないが，ナナ＋動詞＋トのような禁止表現が見られる．ナナ行ットで「行くな」を表現する．この表現は，古語の「な～そ」による禁止表現を残すものと考えられている．また，この地域の西部には，動詞の否定の助動詞「ない」に対してンの用いられる地域や，「出した」「貸した」をダイタ・カイタのように言うサ行五段活用動詞にイ音便が用いられる地域もある．このような，東海東山方言の西部地域の特徴は，西日本の西部方言に連続するものである．

(5) 八丈(はちじょう)方言

　東部方言の中でも，八丈島とそのさらに南の青ヶ島ではかなり特殊な方言が用いられ，人口は少ないものの，独立した方言区画に分類するのが一般的である．

　音韻上の特色としては，ドーソク（ロウソク），ダイネン（来年）のように，ラ行音がダ行音に交替する現象が挙げられる．また，三根(みつね)地域では，センセイ（先生：センセーではない）のように，エーにエイが対応する．一方，アイの連母音はエーであり（デーコン：大根），発音上，エイとエーの対立がある．

　文法上の特色としては，用言の活用がかなり特殊である．動詞については，「書く」を例にとると，終止形カコワ，連体形カコ，否定形カキンナカ，過去形カカラ，推量形カクノーワ・カクヌーワのような活用による語形変化を持つ．形容詞では「高い」を例にとると，終止形タカキャ，連体形タカケ，過去形タカカララのようである．動詞や形容詞が終止と連体で区別を持つのは，本土方言の中では，この八丈方言と長野県秋山郷方言のほかには知られていない．

　なお八丈方言に関しては金田（2001）という非常にすぐれた記述書が刊行されていることを付記しておく．

3. 西部方言

(1) 北陸(ほくりく)方言

音韻上の特色としては，東北方言に類似した現象で，語頭でイとエの混同を起こす地域や，シ／ス，チ／ツ，ジ／ズの区別のない地域が存在する．

イントネーションと考えられているが，「ゆすり」や「うねり」と呼ばれる音調が聴かれるのもこの地域である．間投詞と同様な位置に現れ用いられることから間投イントネーションと呼ばれることもある．独特な「うねり」を持った音調で，比較的若い年代層でも保持しているようである．

文法上の特色はかなり近畿方言に近い．例えば，原因理由を表す助詞「サカイ」が音韻変化を起こした形で分布する．その一方でケニ・ケネ・ケデといった形も富山・石川にある．また，ダイタ（出した）のようなサ行五段活用動詞のイ音便も存在する．

(2) 近畿(きんき)方言

音韻上の特色は，音声的な変種が少ないことが挙げられる．いわゆる連母音の融合現象も紀伊半島の南部を除くと少ない．ただ，周辺地域には，カララ（体），カデ（風），コロモ（子供）のように，ダ・ザ・ラ行が相互に交替する地域がある．

文法上の特色をいくつか挙げる．

動詞の否定形に，書カヘン・書ケヘン（書かない），見ーヘン（見ない）のように「～はせん」がもとになったと考えられる～ヘンという形を用いる．～ンによる否定形も使わないことはないのであるが，引用形式での行カント（行かないと）のような形や，強い命令の意味を持つ否定疑問形式の行カンカのように用いる場合などにある程度限定され，そのままでの言い切り（行カン）はあまり用いない．ただし，「知る」という動詞は例外的で，否定形は知ランが一般的である．形容詞の否定形では～ナイも用いるが，「高くない」を例にすると，タカイコトナイのように形式名詞（コト）をはさんだり，タカナイのような語幹に直接付くような形をとり，接続のしかたが共通語とは異なる．

接続のしかたが異なるという点では禁止形でカキナ（書くな），オキナ（起きるな）といった形があり，軽い命令形のカキ（書け），オキ（起きろ）に平行した形を示す．

また，「だ」に相当する断定の助動詞はヤである．その過去形もヤッタ，推量形はヤローとなる．そのほか，ワ行五段活用動詞ではコータ（買った），スータ（吸った）のようなウ音便が用いられる．

(3) 中国（ちゅうごく）方言

音韻上の特徴としては，ガ行鼻濁音がないこと，また，アイ・アエの連母音がアーである地域や，イオ・エオが，トリュー（鳥を）・サキョー（酒を）のようにユー・ヨーである地域が広く存在する．

文法上の特色としては，まず，断定の助動詞「だ」にジャが対応している．また，アスペクト表現が発達していることも知られている．共通語では，同じように「枯葉が落ちている」と言うところを，岡山市では，舞い散る進行中の状態はオチュール，落ちている結果の状態はオチトルと言い，区別がなされる．また，原因・理由を表す助詞にケンやケーが用いられる地域が広く知られる．そのほか，マ・バ行五段活用動詞に，ノーダ（飲んだ），トーダ（飛んだ）のようなウ音便が用いられる地域がある．

(4) 雲伯（うんぱく）方言

旧国名の出雲・伯耆にあたることからこう呼ばれる．

音韻上の特色では，シ／ス，チ／ツ，ジ／ズの区別がそれぞれなく，イとエが混同される．また，キが強い摩擦をともなって発音され，合拗音のクヮが存在するなど，遠く東北地方に通じる現象が存在する．ただし，東北方言と異なって語中でのカ・タ行音の有声化はなく，またガ行鼻濁音もない．

文法上の特色は，断定の助動詞がヤ・ジャではなく，ダである点でやはり東日本的である．そのほか，カ行五段活用動詞の中で「行く」に限って，「行った」をイキタのように音便化させないこと，ワ行五段活用（語幹末母音がアの）動詞のウ音便がカータ（買った）のようにア段で長音化するなどの特徴がある．

(5) 四国方言

音韻上の特色としては，合拗音をよく残していること，また高知方言には，現在は仮名づかいにしか中央では残っていない四つ仮名と言われるジ・ヂ・ズ・ヅの区別が存在することが知られている．くず（葛）／くづ（屑），ふじ（富士）／ふぢ（藤）の区別を高年層ではまだ保っている．

文法上の特色としては，断定の助動詞はジャが多く，また，原因・理由の助詞はケン・ケニ・キン・キニで中国方言と通じる．徳島の一部には，「色コソ黒ケレ気はやさしい」（色は黒いが気は優しい），「口でコソ言エレ出来ない」（口では言えるが出来ない）のようなコソ已然形型の係り結びが用いられる地域もある．また，高知県では，マ・バ行五段活用動詞にウ音便を用いる地域があり，ノーダ（飲んだ），トーダ（飛んだ）といった形が使われる．

4. 九州方言

(1) 豊日（ほうにち）方言

音韻上の特色としては，「会った」がオータ，「暗くなる」がクローナルのように歴史的に中央の「あう」「あふ」に対応する音がオーになり，「今日（けふ）」をキュー，「思う」をオムー，「追った」がウータ，「黒くなる」がクルーナルというように歴史的に中央の「おう」「おふ」「えう」「えふ」に対応する音がウーとなっていることが挙げられる．これは，「開合」の区別と言い，前者は開音，後者は合音と呼ばれる．また，アイの連母音は，「赤い」をアケーのようにエーで実現される．

文法上の特色としては，起キン（起きない）・起クル（起きる），開ケン（開けない）・開クル（開ける）のような二段型の活用が知られる．その一方で，見ラン（見ない）・寝ラン（寝ない）のように一段活用や短い二段活用の語のラ行五段活用への近似化も知られる（次章参照）．また，能力可能と状況可能の使い分けは，九州方言に広く見られるが，大分（おおいた）では〜キル（字を知らないから読ミキラン）を能力可能に用い，〜レルによる状況可能と言い分け，さらに状況可能の中が「客観状況可能」と「主観状況可能」に分かれるという（大分県総務部総務課 1991）．客観状況可能としては，例えば，「部屋が暗いから本

がヨマレン」と言い，主観状況可能としては，「長時間にわたって本を読み続けたのでこれ以上はヨメン（あるいはヨメレン）」のように使い分けるようである．

(2) 肥筑方言

音韻上の特色としては，多くの地域でアイの連母音が拗音で現れる．また，ラ行音とダ行音が交替しやすい（デンコン（蓮根），コロン（子ども））ことも挙げられる．

文法上の特色としては，形容詞のカ語尾と言われるものがある．ヨカ（良い），ワルカ（悪い）といったものである．熊本ではその勢力がかなり強く，共通語では形容動詞で表現するものも形容詞化して，セイケツカ（清潔だ）・フベンカ（不便だ）・キレイカ（きれいだ）のように言う．

文法では，二段型の活用が，下二段型に顕著で，開ケン（開けない）・開クル（開ける）のように用いられる．一方，上二段活用は起キラン（起きない）・起キル（起きる）・起キレ（起きろ）のように一段化するとともにラ行五段活用への近似化が見られる．

方向を表す助詞はサイ・サンが使われる．東北地方のサと同様に「様」をもとにするが，九州のサイ・サンは，もっぱら方向を表すのに用いられるという異なりがある．また，「犬に追いかけられた」のような受身表現の動作主を表す「に」に対しカラが用いられる地域がある．原因・理由はケンで表し，一般にもよく知られる「けれども」にあたる逆接を表すバッテンもこの地域で用いられている．

(3) 薩隅方言

音韻上の特徴としては，語末のキ・ギ・ク・グ・チ・ジ・ツ・ビ・ブと動詞の末尾のルを単独の閉鎖子音で発音することが挙げられる．これを「ッ」で表すと，カッ（柿），カッ（鍵），カッ（書く），カッ（嗅ぐ），カッ（勝ち），カッ（火事），カッ（勝つ），カッ（徽），トッ（飛ぶ），トッ（取る）のようになる．語中でもそのように実現されることがあり，キッネ（狐），イッモ（息も）のように現れる．また，語尾のニ・ヌ・ノ・ミ・ムは，ゼン（銭），イン（犬），セゴドン（西郷

殿)，カン（紙），タタン（畳む）のように撥音になることがある．語中のリ・ル・レが，クイ（栗），トイ（鳥），クイマ（車），コイ（これ）のようにイとなる現象も盛んである．また，長音が短くなる傾向がある．そのほか，開合の区別が見られ，チゴ（違う），ク（来よう）のように，開音はオ，合音はウで実現される．また，薩摩半島の南端部では語中のカ・タ行音の有声化，ガ・ダ行音の鼻音化，四つ仮名の区別がある．

　文法上の特徴としては，二段活用はアケン（開けない）・アクッ（開ける）・アケ（開けろ）のように下二段型にのみ見られ，肥筑方言に共通する．能力可能は～ガナル「ヨミガナッ」（読める）で表現され，状況可能の「ヨマルッ」と対立がある．逆接の接続助詞はバッテン系よりもドンが広い．また，敬語法では，丁寧語のモス「書キモス」（書きます），尊敬語のヤス・ヤンス「書キヤンス」（お書きになる）といった形式が使われる．

5. 琉球方言

(1) 奄美方言

　音韻上の特徴としては，母音の数が7つあることが挙げられる．本土との対応関係は，やや複雑であるが，おおむね，aはアに，iはイに，中舌のiはエに，uはオに，eは語例が少ないがエに，oと中舌のeはそれぞれアオならびにアイ・アエ・オエの連母音に対応する．

　文法上の特色としては，活用が本土とかなり異なっていることが挙げられる．「書く」を例にとると，否定形カカン，意志形カコー，連用形カチ，終止形カキュリもしくはカキュンのような形をとる．ここに示した中では，特に終止形が本土の形と大きく異なっていることが分かる．終止形のカキュリは動詞の連用形に「居り（をり）」（古典語のラ行変格活用動詞）が付いて一語化したものと推定されている．形容詞は「高い」を例にとると，終止形がタカサリもしくはタカサンのような形をとり，タカサリは「高さ＋有り（やはり古典語のラ行変格活用動詞）」の形に基づくと推定されている．

(2) 沖縄方言

　那覇市の首里方言を中心に音韻上の特徴を本土との対応で示すと，雨：アミ，雲：クム，手：ティー，帆：フーのようになることから分かるように，概略のところ，母音オにウが，母音エにイが対応している．そして，アイ・アエの連母音にエー（前：メー）が，アオの連母音にオー（竿：ソー）が対応して，全体としては母音の数はa, i, u, e, oの五つになる．ただし，沖縄方言の中でも地域差が大きい．また，琉球方言においては，沖縄方言に限ったものではないが，声門閉鎖音が存在する．これを促音（ッ）で書き表すと，ッワー（豚）のように現われ，ワー（我）と対立をなす．

　文法上の特色としては，やはり活用が本土方言とかなり異なる．「書く」を例にとると，終止形カチュン，連体形カチュルのように終止形と連体形が異なった形をとる．これは「書き＋居り（古典語のラ行変格活用動詞）」がもとになったためと考えられている．また奄美方言にもある現象で，沖縄方言に限るものではないが，本土の一段活用にあたる動詞の否定形ウキラン（起きない）のようにラ行五段活用への近似化を示す．そのほか古くは，首里では士族とそれ以外の間でかなりことばに差があり，老若間での敬語の使い分けにもかなり厳格なものがあったとされる．

(3) 先島方言

　この方言は，島や集落ごとの差が，非常に大きいことで知られている．

　音韻上の特徴としては，「花」をパナ，「星」をポスィのようにハ行子音に対応するp音が存在し，日本語のかなり古い層を残すものと考えられている．また，奄美と異なり，エにiが，イには中舌のïが対応すると言われる．ただし，この中舌のïとされる音はかなり摩擦をともなった音声である．また与那国方言には母音がa, i, uの三つしかなく，語中のカ行子音に濁音が，ガ行子音に鼻濁音が対応して，琉球方言でも特殊な存在である．

　先島に限らず，琉球方言の文法については，カテゴリー（文法内容・文法的意味構造）そのもののありかたが，本土方言とかなり異なっていることが，近年報告されてきている（伊豆山 2005，下地 2006）．本土を基盤とする考え方から離れて，琉球の事実に沿った形での研究が期待される．

■引用文献

伊豆山敦子（2005）「エビデンシャリティ（証拠様態）——琉球・先島方言の場合——」『日本語学』24巻14号

大分県総務部総務課（1991）『大分県史　方言篇』大分県

加藤正信（1977）「方言区画論」『岩波講座日本語11　方言』岩波書店

金田章宏（2001）『八丈方言動詞の基礎研究』笠間書院

下地賀代子（2006）「琉球・多良間島方言のパーフェクトの形式」『日本語の研究』2巻4号

東条　操（1954）「序説」東条　操編『日本方言学』吉川弘文館

日本方言研究会編（1964）『日本の方言区画』東京堂出版

Kandori, T.（1968）Study of dialects in Japan. *ORBIS*, VII-1

第3章
方言の形成

1. 方言の起源

(1) 人間集団と言語

　日本語の中に多くの方言があることを見てきたわけであるが，どうしてこのような違いが生じてきたのであろうか．

　ここで確認しておきたいのは，次の普遍的ことがらである．それは，人間は，ひとりでは生きられない．生活していくためには，何らかの集団に所属することが必須であるという，ごくあたりまえのことである．

　そのような集団の中で，人間として意思疎通に用いるもっとも主要な手段は，ことばである．そして，そのことばは，集団の中で共有可能な性質のものであること，もう少し詳しく記すなら，ほぼ同一の音韻や文法などの体系を有するものでなければならない．そうでなければ，互いの思考を伝え合えない．

　古くは，そのような集団生活が，個々人における日々の生活全体の中で占める割合は，相当高かったはずである．つまり，生活はほぼその集団の中で完結し，それ以外の集団とのつながりは，主たる集団と較べるなら，非常に低い割合しか占めなかったものと考えられる．

(2) 地域社会をベースとした人間集団

　生きていくための人間集団は，地理空間的に見て，ごく近いところで形成されることが一般的であっただろう．小規模な集落が最小のユニットに近いもの

で，そのような集落がさらにまとまりを持って，大きめの社会を形成することもあったと思われる．そこにはいくつかの段階があるかもしれないが，ともかくもそのような地理的にまとまりを持った地域社会が人間集団のベースであり，その中では共通したことばが，コミュニケーションの手段として用いられていたと考えられる．

そのような人間集団がどのようにして形成され，同時にグループ分けがなされたのか，詳しいところは分からない．山や川といった自然条件が関わる場合もあっただろうし，人口の自然増加にともないおのずと縁者が近隣に住まうようになったというようなこともあるだろう．いずれの場合においても，集団の形成は，地理空間によって，かなりの程度に制限されていることが重要である．

前章で，日本語には大きく分けて 2～3 種類の方言があり，それぞれを細分化すると全体で 16 の方言があることを述べた．このことは，見方を変えると，日本は方言をベースに考えると，大まかに言って 16 の地域に分割できるということにほかならない．これは，いわば，言語面から見た地域社会の区分であり，かなりおおまかな扱いにはなるが，人間集団のまとまりを見ていることになる．そして，注意すべきは，このまとまりが，地理空間上の連続性の上に立っているということである．

方言に限らず，ことばの差異に結びつけられる指標は，地理空間である必然性はない．職種や学歴，家柄・社会階層など他の属性であっても構わない．それにもかかわらず，日本語の方言において，もっとも有効なのは地理空間である．このことは，地理的連続性の上に立つ地域社会を基盤とした人間集団が，方言の形成に大きく関わったことをおおいに示唆するものである．

(3) 言語変化と方言

ことばは，変化する無常の性質を持つ．これもまた，普遍的事実である．不変の言語は，自然言語には存在しない．同時に，変化の中に何らかの法則性は認められるが，時間軸との関係は絶対的なものではない．A から B へ変化することについての法則はあっても，50 年経ったら，必ず変化が起こるというようなものではない．

さて，ここに地理空間上で隣接する地域 x と y があったとしよう．x と y の

1. 方言の起源

地域では，それぞれでまとまりを持った地域社会が形成されている．そして，ある時点までは，ともに A のようなことばが使われていた．しかし，しばらくして，地域 x では，A が B のようなことばに変化した．一方，地域 y ではそのような変化が生じなかった．

　　地域 x　A → B

　　地域 y　A → A

この時点で，図 3.1 のように隣接する地域 x と y の間に，地理空間上のことばの差異，すなわち方言差が生じたことが分かる．このようなことが，方言としての違いを生じさせたものと考えられる．地理的異なりを生じさせる上で，地域社会と結びついた人間集団を想定しなければ，このようなことばの異なりの発生は考えにくい．

それでは，方言差を生じさせる言語の変化にはどのようなものがあるのだろうか．この場合，第一におさえておくべき基本的事項として，言語の変化の多くは，その要因から見て，言語の外にその要因が求められるケースと言語自体の中にその要因が認められるケースに分けられるということである．以下では，この観点から見ていこう．

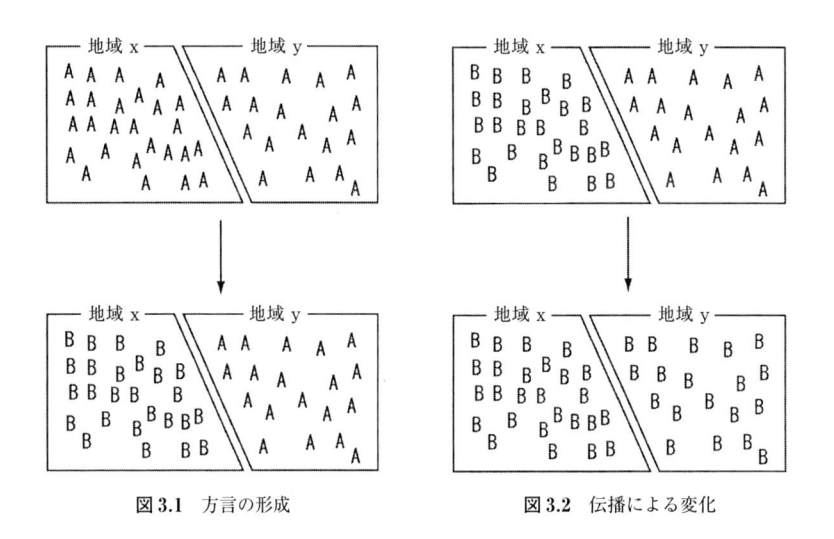

図 3.1　方言の形成

図 3.2　伝播による変化

2. 外的変化

(1) 接触

ある方言に対し，直接的に変化を引き起こすきっかけとなるのは，他方言との接触である．他方言と接触することで影響を受け，変化が起きる．接触という言語外の要因によって起きる変化であることから外的変化と呼ばれる．その際，接触をもとにして，ことばが伝わることは伝播と呼ばれる．このような伝播に関して，一般に次のように説明がなされる．

文化的力関係の異なる地域の方言どうしが接触した場合に，文化的に低い地域が高い地域のことばを受け入れることがある．これは，正確には異なる方言の話者どうしの接触であり，人間どうしのことばに関する力関係ともとらえられる．このような場合，文化的に高い地域は，威光（prestige）を持つと言う．この威光に基づく力関係は，一般に，地域社会の文化的志向に平行すると考えられ，文化的志向の方向に従う形で変化が起きることが多い．

例えば，地域xとyの間において，語形BとAの異なりがあり，yはxを志向しているとすると，yはBを受け入れやすい．これは，次のように，地域xがyに影響を及ぼしたと見ることができる．

　　　地域x　　語形　B
　　　　　　↓影響
　　　地域y　　語形　A→B

図3.2に模式化したように，地域yにおいては，語形Aを捨て，新たに語形Bを受け入れるというもので，外的変化の接触の中でも，もっとも単純なケースである．

地理空間の中で，比較的接触を起こしやすそうなのは，隣接する地域どうしである．そして，複数の地域の中に影響力の大きい地域が存在する場合，そこからの影響は，隣接する地域どうしの接触を通して，放射的に周囲に及ぶと考えられる．したがって，地域がx・y・zという順で並んでいて，その中でxが影響力を持つ地域であった場合，yとzはxからの放射を受けて変化を起こすが，その接触順序は，x→y，y→zと考えられる．このような場合に，もっ

2. 外 的 変 化

とも影響力を持つ地域xは，中心地と呼ばれる．中心地xの語形がAで，yとzが語形Bならびに Cであった場合，順次，地域xの語形Aは地域yに影響を及ぼして語形BをAに変化させ，地域yの語形Bは地域zに影響を及ぼして語形CをBに変化させ，さらに地域yがAに変化した後は地域zの語形BをさらにAに変化させると考えられる．

つまり，各地域では以下のような変化が起こったことになり，さらに，これを模式化して示すなら図3.3のようになる.

　　地域x　　語形　A
　　地域y　　語形　B→A
　　地域z　　語形　C→B→A

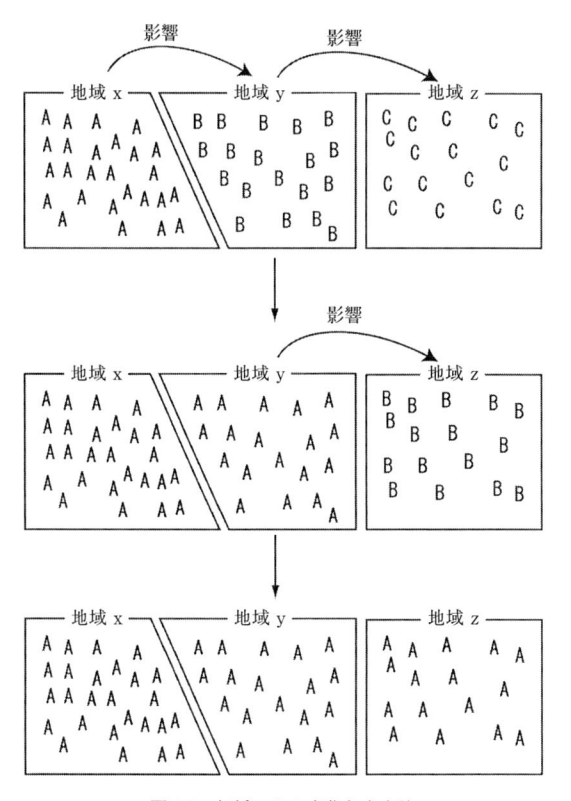

図 3.3 伝播による変化と中心地

このような接触によって，新しいことばが導入されるにあたり，B→Aや C→Bのように，単純に古い語形を捨て去り，新しい語形を受け入れる場合と，受け入れ側の言語の事情により，語形が改変される場合とがある．以下では，改変されるケースについて見てみよう．

(2) 同音衝突

新たに導入しようとする語と意味は異なるものの，同じ形の語が受け入れ側の方言の中にもとから存在することがある．この場合，受け入れる方言の中に，同音異義語が生じることになる．このように異なる意味で同じ形の語形が入り込むことを，同音衝突と呼ぶ．一般に，同音衝突により，同音異義語が発生することは不都合を生じさせがちなため，これを回避しようとする変化が生じやすい．

長野県鬼無里村の「もんぺ」と「雪靴」の例がよく知られる．もともと，この地域では「もんぺ」をイッコギ，「雪靴」をフンゴミと言い，語形に区別があった．そこに隣接する方言から「もんぺ」を意味するフンゴミが侵入してきた．このことで，フンゴミが「もんぺ」と「雪靴」の両方の意味で同音衝突を起こすことになる．そこで，この地域の一部では，「もんぺ」のフンゴミを受け入れながら「雪靴」をユキグツに変化させ，別の地域では「雪靴」のフンゴミを保ちつつ，「もんぺ」をフンゴミイッコギに変化させることにより衝突を回避した（高橋 1992，馬瀬 1992）．

この例が示すように，伝播されてきた新しい語形を単純に受け入れるだけではなく，同音衝突を回避する中で，受け入れ側の方言の中に新しい語形が別途生み出されることがある．

(3) 類音牽引

類似した音の語が存在する場合に，それに引きつけられる形で変容を受けて，新しい語形が導入されることがある．このような現象を類音牽引と呼ぶ．そして，この類音牽引は，同音衝突の引き金になりえる．

新潟県高田地方では，植物の「酸葉（すいば）」をスイカンベと言っていた．そこに隣接する方言から「音のしない屁」を意味するスッカンベが入り込んだ．その後，

音の類似した「酸葉」の方言形に引かれて，「音のしない屁」のスッカンベがスイカンベに変化して定着した．この場合，スイカンベは「酸葉」と「音のしない屁」とで同音衝突を起こす．そこで，「酸葉」をスイコに変化させて，同音衝突が避けられた（小林 2002）．

(4) 混交（混淆）

新しい語形を導入する際に，もとの語形といわば折衷するような形でさらに新しい語形が形成されることがある．模式的には，$\alpha\beta$ のような語形があったところに $\gamma\delta$ のような語形が入り込もうとする際に，$\alpha\delta$ のような形が生まれるものである．このようなことを混交（混淆とも）と呼ぶ．

「肩車」において，東京から埼玉にかけてカタグルマが分布するが，それを取り巻くように北と西と南にはテングルマが分布し，東側にはタカウマが分布する．ここからカタグルマは，テングルマとカタウマの混交で生じた語形ではないかと考えられている（国立国語研究所 1968）．混交は次に例示するような式で説明されることが多い．

　　　カタウマ＋テングルマ→カタグルマ

(5) 誤った回帰

北海道で「キャベツ」のことをカイベツと言うのは，「赤い」をアキャーのように言うことの類例と見なして，キャをカイに戻した結果と言われる（佐藤監修 2002）．

真偽は不明なものの，東北方言話者がやや気取って，「たばこ」のことをタバと言ったという話があるが，これは，東北方言でしばしば名詞に指小辞と言われるコを付けて表現する（お茶：オチャコ，馬：ウマコ）ことを背景にするものである．

方言と標準的言語（共通語）の対応関係が念頭にある場合に，方言を標準的な形に置き換えようとして，結果的に別語形が形成されることを，誤った回帰（誤れる回帰）あるいは過剰修正（hypercorrection）と呼ぶ．

(6) 民間語源（民衆語源）

　富山県南西部には「寝室」をチョーダイ・チョーダと言う地域が広いが，一部でチョーアイと言う．これは，類音の「寵愛{ちょうあい}」への語源意識が働き，チョーアイという新語形を発生させたと考えられる（真田 1979）．このように話者自身が持つ語源に対する意識が変化を生じさせながら新たな語形を固定化させるようなことを民間語源あるいは民衆語源と呼ぶ．

　さて，以上挙げてきた言語変化のタイプと理論は，かなり古くから整理されてきたもので，方言の地理的変化を扱った中でも嚆矢にあたるフランス方言学のジリエロンやドーザによって体系化されている（ドーザ 1938, 1958）．その点では，古典的な理論ではあるが，一般性を持ったものであり，現在においても十分に活用価値があるとともに踏まえておくべき基本的理論である．

(7) 接触の起こり方

　外的変化をもたらす基盤となる接触について，注意したいのは，方言どうしの接触といっても，実際には，話者どうしの接触が根本であって，それを「方言どうしの接触」と比喩的に表現しているという点である．地理空間上で，地点 x と y が相互に隣接していても，それぞれの地域の人間どうしに交流がなければ，x と y の間に影響関係は発生しない．見方を変えると，地理空間的に隣接していなくとも，地点 x と地点 z の話者の間に交流があれば，影響関係は生じえるわけで，これが本来「接触」の意味するところである．

　ところで，接触のあり方はさまざまであろうと考えられる．ただし，ことばの上での影響関係を考慮した場合，ある程度の頻度や，影響を与えるに十分な資格を有する接触が必要である．そのことを考えるためには，やや歴史をさかのぼって人間の交流を検討してみなければならない．

　この点で，多くのことを教えてくれるのが，宮本常一の一連の著作である．宮本常一は，旅する民俗学者として知られ，彼の著作を見るなら，日本人がさまざまな形で移動し，交流を重ねていたことが多く記されている．以下では，宮本（1960, 1961, 1985）を参考にしつつ，ことばの上での影響が想定される接触，具体的な交流関係を挙げてみよう．

a. 経済活動

　もっとも身近なところでは，生活地域内で消費活動，つまり買い物ができない場合に他地域にその行動範囲が及ぶということである．買い物の対象物によって，生活地域内でまかなえるものとまかなえないものがあり，対象物によって交流対象範囲が違ってくる．ただし，大都市近郊を除けば，近隣にある比較的規模の大きい町でたいていのものは間に合わせられる，あるいは間に合わせるのが一般的であったと考えられることから，規模の大きい地域と小さい地域間では交流が密であったと考えられる．

　日々の糧を得るために行われる生産活動は，それを消費地や市場に出荷することを必要とする．そのような生産地とそれを購買する地域との間に交流が持たれる．同時に，陸路・河川・海上航路により，生産物は運ばれていくが，そのような運輸活動は，中間地点・最終地点も含めて，交流を生み出す（宮本1985）．それらの地点には，宿場や港などがあり，人的交流を密にすると考えられる．

　消費活動は，消費者による市場までの移動に基づくとは限らない．生産者や仲介者が，消費地をめぐって移動するという形での活動もある．典型的なのは，行商である．行商は，行商者と消費者の間に交流をもたらす．また，非定住型の生産者集団というものの存在もある．木地師やサンカは特定技能を有する非定住型集団であったことが知られる．これらの集団の経済活動は，定住地域の住民との交流をもって成立するものである．

　漁業においては，生産地にあたる漁場をめぐっての交流があった．ときに静（いさか）い事・もめ事を出発点とするものであったが，その解決のための話し合いが持たれ，それが組織化に結びつくこともある．ここに地続きではない沿岸どうしの交流が成立し，かなり大規模になったことも知られる（宮本 1961：変わりゆく村）．

b. 人的資源の移動

　経済活動の拠点と生活地が異なる場合がある．これが日常的な場合は，通勤という行動で，交流を生み出す．

　通勤は，現代的な移動の形態である．これとは別に，今も残るもののしだいに少なくなりつつある移動がある．農閑期のような季節的条件や，杜氏のよう

な特定地域で伝承される技能は，出稼ぎと呼ばれる経済活動に結びつき，人的交流を生じさせる（宮本 1961：貧しき人々）．また，漁業においても，漁地をめぐっての集団的移動があった（宮本 1960：梶田富五郎翁）．

c. 教育活動

教育活動の中心地は学校であるが，特に義務教育が行われる小中学校では，通学範囲が学区あるいは校区と呼ばれる一定の範囲を持つことがほとんどである．これは交流範囲のまとまりを形成しながら生活地域の範囲をさらに細かく区分することになる．実際，学区と方言の間には，関係のあることが馬瀬（1969）により明らかにされている．

d. 大都市と後背地

大規模都市の近郊においては，周辺地域が，人的資源の面でも生産資源の面でも大規模に提供地としての役割を果たすことがある．いわゆる後背地（ヒンターランド）である．これは，経済活動にとどまらず，特に高等学校以上の教育活動にも及び，やはり人的交流をもたらす．

e. 通婚圏

限られた地域内における人口また血縁者の中では，婚姻の範囲がおのずと限られる．そこで，他地域から，嫁や婿を迎えることが必要となる．その際に，相互の地域の関係がある程度定まる一定の範囲が通婚圏と呼ばれる．他地域から嫁や婿として来た者は，当地のことばになじもうとすることもあるだろうが，もとの土地のことばをもたらすこともある．特に母親が子どもに及ぼすことばの影響力は相当なものであり，新世代に向かって，通婚元のことばが広がるきっかけになりえる．さらに，通婚圏は，新たな親族関係を生じさせ，これが人的交流を生み出すことになる．

f. 宗教活動と旅

人間の移動活動は，経済や教育のような何らかの見返りを期待することにのみ，その動機が求められるものではない．現在であれば，旅行という趣味性の高い移動がある．古くは，伊勢参りや熊野詣，金比羅参りのような，宗教的目的による移動活動があった．これは，個々人における頻度は高くないが，地域全体としては，一定の行動量を持っていたと考えられる．また，その移動がもたらす人的交流は，出発地と目的地の間に限られるものではなく，中間地であ

る宿場などでも行われたものと考えられる．宿場と出発地の間に，例えば○○に行った場合には△△の宿屋に宿泊するように，といった形で，出発地で伝承される定宿のような関係が生じた場合には，ある程度，密な人的交流の存在したことが想定される（宮本 1961：変わりゆく村）．

g. 芸 能

現在は，テレビなどのメディアを通じて，中央のことばに接触することがあるが，古い時代であっても，中央のことばに触れる機会がなかったわけではない．芸能に関わる人間が地方を巡業することは古くからあった（宮本 1960：世間師（一））．そのようなおもに芸能に関わる人々は，経済活動において先に触れた，非定住的集団の性格を有していたことが考えられるが，各地をめぐって祭りなどハレの機会にそれぞれの芸能を演じていた．このことにより，地方にあっても中央のことばに接触することが生じる．なお，これは見方を変えるなら，古い時代でも地方の人々は中央のことばを理解していたことも意味する．さらには，このような芸能をまねることが行われ，それが定着することで，各地の芸能として伝えられることもあっただろう．各地の芸能が，すべて地域のことばで演じられるわけではないのは，このことによると思われる．むしろ，各地でまねられた芸能には，地域のことばが折り込まれるようになったこともあるだろう．つまり，地域の人間が出向かずとも，芸能の巡業にともない，中央のことばに接触する機会が持たれたわけである．よそからもたらされる点では，行商に通じる．ただし，芸能は基本的に中央のことばで演じられたと考えられ，中央との直接的なパイプの役割を果たす．

芸能に触れる機会は，巡業者によることが多かったと思われるが，そのほかに地方からの上京にともなうこともあっただろう．ただし，芝居見物そのものを目的とすることは，一般的ではなかったように思われる．そのような目的の旅は，かなり生活に余裕がなければできるものではない．むしろ，先に述べた伊勢参りなど宗教的目的の旅，つまり巡礼の中継地で，ついでに芝居見物が行われることが多かったようだ（宮本 1961：変わりゆく村）．

少ない機会とはいえ，ハレの機会が人間活動に及ぼす影響は小さくない．いや少ない機会であったからこそ，印象を深く与え，影響を強く及ぼしたとも言えよう．現在でもかなり年配の人たちは，歌舞伎など，古典的芸能・芝居の内

容をよく知っていて，そのことに驚かされることがある．また，現代であっても，やや古い時代に書かれ，よく読まれた時代小説は，そのような芝居を基盤に持つことが少なくなく，われわれの世代ではそれを知らないためにその時代小説の面白さにピンとこないことがある．

　例えば，山本周五郎の『樅の木は残った』は芝居（浄瑠璃・歌舞伎）の『先代萩』を下敷きとし，その見方を逆手にとるものであるゆえに面白さがある．かつては『先代萩』の内容はいわば常識であったから，この小説のモチーフは理解され，NHKの大河ドラマにもなった．しかし，『先代萩』をよく知らないわれわれの世代は，そのような知識を持ち合わせていないために，本当の面白さが分からない．つい，四五十年のことなのである．ほんのわずか昔のことであっても，現在をもってはかることはできない．

(8) 接触の結果

　ところで，ここまで接触の結果を伝播として扱ってきたが，実はこれは，いささか短絡的である．接触は，必ずしも伝播を生み出すものではない．当然のことながら，接触相手のことばを受け入れることで，伝播は成立する．受け入れられるか，受け入れられないかは，さまざまな要因がからむと考えられる．本章末尾や第6章でも触れるが，接触・交流の量だけで決められるものではない．交流者相互の，内面まで含めた関係を総合的に考慮するほかない．やや漠然とした書き方しかできないが，現時点では，それ以上の分析が進んでいない．そのような性格のものであり，それだけ大きな課題として残されている問題なのである．

3. 内 的 変 化

(1) 言語変化の法則

　他方言からの影響を受けるのではなく，自律的に起きる変化は，内的変化と呼ばれる．これは，条件さえそろえば，どんな言語であっても同じような変化を起こす可能性が考えられるもので，法則的な変化ともとらえることができる．

(2) 音韻変化

とりわけ，音韻の変化にはその法則性が如実である．例えば，p＞f＞hという変化には，かなり普遍性が認められ，ヨーロッパの言語の例（p＞fの変化は，グリムの法則と呼ばれる）が有名であるが，日本の方言の中にも，現代共通語のハ行音の子音がpで現れる南琉球（プシ：星），fに近い両唇摩擦音で現れる東北地方（フェ：屁）などは，そのような歴史的変化の中で考えるなら，古態の残存としてとらえられる．

(3) 類　推

体系内にいくつかの分類グループがあり，その中に勢力の強いグループがあった場合に，他のグループが勢力の強いグループに引き寄せられて変化してしまうことがある．これは，グループ相互の間に共通点があった場合に顕著である．このような変化を類推と呼び，一般に簡単な比例式（「パウルの比例式」と呼ばれる）で説明される．

例えば，九州に「見る」の否定形を見ラン，命令形を見レのように言う地域があるが，これは，次のような式で説明される．

　　取ル：取ラン＝見ル：x　　→　　x＝見ラン
　　取ル：取レ＝見ル：x　　　→　　x＝見レ

東北地方日本海側にも類似の現象があることは，第1章の庄内の活用（山形県鶴岡市大山）の例でも分かるだろう．

なお，鶴岡では，命令形は九州と同じであるが，否定形には見ラネーのような形はない．これは，鶴岡では，次のようにそもそも「取る」と「見る」とが平行しているからである．

　　取ル：取ネー＝見ル：見ネー

おそらく「取る」の否定形では，古くに，取ラネー→取ンネー→取ネー（最後のステップは撥音の弱化を経た脱落）という変化が生じたことによるものであろう．同様のことは，東北日本海側全般にあてはまる．

(4) 水準化

音韻変化などがもとになって，体系性が崩れてしまうことは少なくない．そ

の崩れた体系に体系性を呼び戻すために，再度変化を起こすことがある．このように体系性を整えるための変化は水準化 (leveling)，あるいは整合化と呼ばれる．

例えば，東北方言で「高くない」をタゲクナイのように言う．これは，言い切りの「高い」における末尾の連母音アイが融合という音韻変化により，エに変化し，タゲのようになったために，タカという語幹が保持できなくなり，変化後のタゲを語幹に取り込んで，活用全体を体系的に構築し直したことによる変化と考えられる（大西 1997）．

(5) 文法化

もともと具体的意味を担う語彙的 (lexical) な要素であったものが，文法的意味を担う機能的な要素に変化する現象は，文法化 (grammaticalization) と呼ばれる．

例えば，近畿方言では，共通語の「ない」のように動詞の否定を表す部分に対し，ヘンを用いるが，これはもともと「～はしない」にあたる～ワセンであった（前章3節参照）．つまり，「書きはせん」→書キャセン→書カヘンのような変化を通して，「～はせん」の元来有していた意味（前に接続する動詞を取り立てて否定する）から変化し，単に否定を表すにいたったものと考えられる．

東北地方で経験の有無を表すのに「～トキアル」「～トキナイ」のように言う地域があるが，これも「トキ（時）」という特定時点を表す具体的意味が変化を起こし，行ッタトキアル・行ッタトキナイのような経験という文法カテゴリーを表す表現にシフトしたものであろう．

このような具体性を持った語彙的要素から文法的機能要素へという変化の流れも広く一般性を持ったもので，方言の中に類例は多く確認される．

(6) 外的変化との違い
a. 接触と自律

このように内的変化は，外的変化とメカニズムが根本的に異なる．例えば，外的変化の中でも事例が多いのは接触による他方言の取り込みであるが，これとはかなり違うものである．接触は，つまるところ，勢力の強い方言から弱い

方言に向けての影響・侵食と考えられる．一方，内的変化は，そのような影響関係とは関わりのないもので，方言内での自律的な変化である．ヨーロッパの古典的方言学では，接触による変化をことばの病気とその治癒に喩えることがあったが，それにならえば，接触による変化は，風邪やインフルエンザのように菌やウイルスによる体の変化であるのに対し，内的変化は成長や加齢による体の変化のようなものである．前者は本人の心がけしだいであるのに対し，後者は止めようがない．

たとえ話だとかえって誤解を招きかねないので，ここまでにしよう．外的変化で一般に説明されるのは，根本的に外部からの影響であり，影響を受ける根底にあるのは，文化的レベルの高いところ（威光）への志向的心理である．文化的に高い地域Hと低い地域Lがあって，双方の話者が交流した場合，HのことばがLに影響を及ぼすのは，LにはHに対する志向があるからだと考えられる．そのことで，HにBという語があり，LではAという語が用いられていれば，LではA→Bという変化が生じる．それは，Lの住民の多くがHへの志向を持っていて，固有の語Aを捨ててでも，新しくHからもたらされたBを受け入れるということなのである．なお，このような威光や文化的志向に関しては，第5章で再度検討したい．

b. 内的変化の受容

内的変化では，他地域の影響はない．しかし，一方で考えなければならないこととしては，内的変化であっても新しい形式がどのようにして地域内で広がりを持つかということである．実際，分布を見るなら，内的変化の形式も一定の，場合によってはかなりの領域で広がりを持っている．その背景を考えてみよう．

内的変化はことばにとって必然的な変化であって，外的変化で考えられた志向的心理は，必ずしも必要ではないはずである．類推や水準化のようにことばにとって，さらには話者にとっても合理性を持った変化なのである．そうとらえるなら，特定地域内で内的変化の形式が広がるのは，そのような合理性を受け入れていく過程と考えられる．内的変化は，合理的な変化だから，ことばとして都合が良く，話者にとっても使い勝手が良いものである．使い勝手の良さがベースであるから，それ自体への文化的志向性は必要ない．ゆえに地域どう

しが接触した場合も，他地域へ拡大していくことがあるが，その場合，文化的方向性は意味をなさない．文化的に高い地域であっても，低い地域で発生した合理的形式を，その合理性，使い勝手の良さゆえに，受け入れていくことがある．このようにして，地域内に広がり，地域を越えて広がっていくと考えられる．

しかし，使い勝手さえ良ければ，どんどん広がっていくかというと，必ずしもそうではない．たとえ使い勝手が悪くとも，固有のことばを守り続けることはある．このような場合には，広がり続けることができず，領域の拡大が阻止されることになる．

再びたとえ話になってしまうが，外的変化はブランド志向に，内的変化は品質重視に類似する．たとえ使い勝手が悪くとも名の通ったブランド品を好むか，使いやすければメーカーなどどうでもよいと考えるかということである．外的変化は，ブランド品，つまり文化的に高度な地域のことばを次々と受け入れていくであろうし，内的変化は，ブランドは問わず使い勝手の良いものを取り込んでいく．

もっとも，特定の地域が，すべての面でブランド志向であったり，品質重視であったりするというわけではない．あるいは，ブランド志向が強い地域，品質重視が強い地域のような程度差はあるかもしれないが，一方的に決めつけるのは，危険である．むしろ，どんな地域であっても，ブランド志向と品質重視が混在していると考えた方が良いだろう．これは，われわれの身の回りを見渡しても同じようなもので，ブランド品もあれば，安物でも使い勝手の良いものもあるというのが一般的ではないだろうか．

さて，方言を形成する言語変化については，以上の外的変化・内的変化で説明されるものが多いが，そのほかにも変化の要因は考えられる．以下ではそれらについて見ていこう．なお，次節以降で扱う事項は，外的変化の要因に含めて扱われることもあるが，要因自体が持つ性格の異なりを考慮して，先に扱った外的変化からは，切り分けることにする．

4. 生活・社会

地域における生活や社会のあり方が，言語に反映されることは多い．生活・

社会に関わることを,地域社会の中で相互に伝え合うことは,不可欠であり,それらを表す語彙がなければ,非常に不便であることは十分に想定されるであろう.

そのようなことから,生活のありかたが違うと,語彙に異なりが生じてくることになる.当然,地域により生活に違いがあるから,その異なりは,方言間の違いを生じさせる大きな要因となりえる.

a. 漁業語彙

漁業が生活の中心である社会においては,魚に関する語彙が豊富で細かく用意される.例えば室山(1982)によれば,大分県姫島では鱸(すずき)に関して,以下の18の語が区別される.

トゥリイキオースー(釣って獲った生きている大型の鱸)
トゥリイキチュースー(釣って獲った生きている中型の鱸)
トゥリイキコスー(釣って獲った生きている小型の鱸)
トゥリアガリオースー(釣って獲った死んでいる大型の鱸)
トゥリアガリチュースー(釣って獲った死んでいる中型の鱸)
トゥリアガリコスー(釣って獲った死んでいる小型の鱸)
トゥリシメオースー(釣って獲った半死半生の大型の鱸)
トゥリシメチュースー(釣って獲った半死半生の中型の鱸)
トゥリシメコスー(釣って獲った半死半生の小型の鱸)
アミイキオースー(網で獲った生きている大型の鱸)
アミイキチュースー(網で獲った生きている中型の鱸)
アミイキコスー(網で獲った生きている小型の鱸)
アミアガリオースー(網で獲った死んでいる大型の鱸)
アミアガリチュースー(網で獲った死んでいる中型の鱸)
アミアガリコスー(網で獲った死んでいる小型の鱸)
アミシメオースー(網で獲った半死半生の大型の鱸)
アミシメチュースー(網で獲った半死半生の中型の鱸)
アミシメコスー(網で獲った半死半生の小型の鱸)

b. 養蚕語彙

養蚕を生活手段としている社会においては,養蚕関係の語彙が多い.新井

(2000) によると，群馬県藤岡市では蚕(かいこ)に関して，ズー(熟蚕)，ハルゴ（春蚕），タネ（種），アタマスキ（頭透き）など，32の語が存在すると報告されている．

以上のように，生活の基盤となっている産業・生業に関する語彙が，地域の特性を反映し，枠組みそのものが独自のものとして存在していることが分かる．これは見方によっては，専門語的性格を有するものであるが，地域社会と産業・生業の間に密接なつながりのあることが，ことばの地理的異なりとして実現しているわけである．

5. 社会制度

長野県下水内郡栄村の中でも小赤沢から奥の地域は，秋山郷と呼ばれ，しばしば秘境として取り上げられる．道路が舗装された現在は，交通上で要する時間としては，それほどの不便さを実感しにくいかもしれない．しかし，これは通常期の話で，雪の多い年には，近年でも交通の途絶による孤立状態が報道されることがある．

馬瀬（1978）によると，この方言では，親族語彙の中でも，兄弟・姉妹が次のように表される．

①兄：アニ　　②弟：オジ
③姉：ネ　　　④妹：オバ

しかし，これは正確ではなく，実は，①は当該の家の長男を，②は当該の家の次男以下を意味する．同様に③当該の家の長女を，④は当該の家の次女以下を指す．ゆえに，一郎・次郎・三郎という順番で生まれた兄弟がいた場合，三郎にとって一郎はアニであるが，次郎はオジである．姉妹においても同様で，自分にとって年上の姉妹がいた場合，長女なら，ネであるが，長女でなければオバである．兄弟姉妹に関する語彙が，話者を中心とした相対的な年齢の上下で規定されるのではなく，一番目の男子もしくは女子という絶対的な序列で区分されているわけである．

この背景には，家を継ぐ（家督相続する）アニ・ネとそれ以外（オジ・オバ）という相続制度がある．つまりイエを中心とした地域社会の制度がことばに反映されているわけで，このような枠組みを持った地域は，秋山郷のみではなく

北関東から東北地方に広く存在することが知られている（Nagashima and Tomoeda 1984）．このような社会制度は，地域ごとに異なり，その地理的異なりが方言間の違いに現れる（澤村 2007）．

6. 自然条件

　社会的条件のほかに，その地域の自然条件が，ことばに反映されることがある．例えば，真田（1990）によれば，豪雪地帯として知られる富山県五箇山地方では，雪に関する語彙に以下のようなものがある．共通語と較べても非常に多く，詳細に意味が区分けされていることが分かる．

　　イキ（雪），オーイキ（大雪），コイキ（小雪），コゴメイキ（粉雪），ボタイキ（ぼたん雪），アカイキ（大陸の砂塵の混じった赤っぽい雪），ベチャイキ（水分を多く含んだ雪），イキバナ（雪の結晶），イキフリ（雪降り），スカスカブリ（またたく間に積もるような激しい雪降り），フブキ（吹雪），ナダレ（雪崩），アワ（表層雪崩），シミシミ・シミシミバンバン・ガリガリ・ソーラ（凍結した積雪面），ハツイキ（初雪），ネイキ（根雪），ノコリイキ（残雪），ヤネイキ（屋根に積もった雪），キノマタイキ（木の股に積もった雪）

　『日本言語地図』第6集262図は，「氷柱（つらら）」の方言の全国分布を示す．種子島・屋久島から琉球地方にかけては，そもそも氷柱ができるような気象条件にはなりにくいことから，それを表す日常的な語彙を持ち合わせていないことをみてとることができる．

　南北に長く，かつ比較的高い山岳地帯を持つ日本においては，自然条件が地域により大幅に異なる．このような自然条件の地理的異なりが，ことばの違いに反映されることもあるわけである．

7. 自然界のとらえ方

　自然に対する思考が，文法の中に現れているのではないかと考えられる例が，先にも取り上げた長野県秋山郷に見られる．詳細についてはさらに検討が必要

かとは思われるが，簡略に挙げておこう．
　共通語を含め，日本の方言全般を見ても，「書ける」「見られる」のような可能と呼ばれる表現分野では，動詞に制限がある．「書く」「読む」「行く」のように動作主の意志性が認められる動詞（意志動詞）は，可能形を形成することができるが，「咲く」「流れる」のような動作主の意志性が考えにくい動詞（無意志動詞）では，可能形を作ることができないことが知られている．
　○鉛筆があるから字が書ける．
　○小学生だから漢字が読める．
　×春だから花が咲ける．
　×雪が融けたから川の水が流れられる．
　これは，「書く」や「読む」など，動作主体の自主的な意志が想定される動詞（意志動詞）に関して，そのような意志を実現させることを表現するのが可能表現だからである．ゆえに「咲く」「流れる」のように一般に動作主体そのものの意志性が認められにくい動詞（無意志動詞）においては，可能が表現できない．
　ところが，秋山郷方言では，このような意志性が考えにくい無意志動詞でも可能表現が使われる（大西 2002）．
　　アッタカクナッテ　ヤット　ハナガ　サケタナー（暖かくなってやっと花が咲くことができたなあ．）
　　ミゾ　ホッタスケ　ミズガ　ナガラレル（溝を掘ったので，水が流れることができる．）
　用いられる言語形式にも留意する必要があるが，ここに挙げた形式は明らかに文法化などをこうむる以前のものである．そこから考えても，秋山郷では，花のような人間以外の生物や，水のような無生物としての物というもののとらえ方が，根本的に他地域と異なるのかもしれない．つまり，万物に対し，人間同様の意志を認めるとすれば，秋山郷では，他方言の持つ，意志動詞／無意志動詞のような区分は，意味をなさないわけである．この背景には，動作主体の意志の有無を，人間界と自然界でもって区分する考え方とは，まったく異なる思考の存在が考えられないだろうか．つまり，万物を区別せず，すべてのものに意志を認めているのかもしれないということである．そして，それは，非常

に厳しい自然条件の中で生き続けてきた秋山郷の人々だからこそ，持つにいたった思考であり，それが，文法の中に反映されたという可能性がある．

8. 移　　住

　集団的な移住があると，そこに周囲と異なる方言圏が発生する．北海道方言には，内陸部に西日本の特徴を見せる地域が存在するが（前章2節参照），これは移住元の地域の方言的特色が，後世に引き継がれているものと考えられる．
　本章2節で接触に関して，非定住集団による経済活動を述べた．生活集団は土地に根ざしていることをベースに話を進めたが，定住は人間が生きていく上で，必須の条件ではない．ただし，定住しない人々であっても，やはり生活のためには集団を形成しているものであり，この集団内には，集団内でコミュニケーションをとるためのことばがあり，それもやはり，体系性を持ったものであったはずである．
　日本全体の中に，どの程度の割合でそのような非定住集団の人々がいたのか，よく分からない．しかし，どうも皆無だったとは考えにくいようである．そのような非定住集団のことばも，他集団とは別に，独自の展開を持ち，変化していくことは十分に考えられることである．しかし，この集団は，基本的に定住しないわけであり，地理的な連続性という束縛から自由だと考えられる．同時に，このような非定住集団の定住化もありえる．この場合，結果的に地理的束縛の世界に身を置くことになる．そして，それは，周囲に存在する古くからの定住集団とは，異なる方言を有することになり，新たな地理的異なりを生じさせることになる．

9. 異言語の方言化

　ここまでに述べてきたことは，同一言語の中で複数の方言への分岐を考えたものである．しかし，方言の起源には，異言語どうしのぶつかり合いに基づくことも考えられる．異言語間で衝突が生じ，中間的な，いわゆるピジン状態を経てクレオール化し，言語としての安定を見たという過程である．もう少し具

体的に言えば，そもそも異種の言語だった言語 A が，言語 B からの侵略を受けて，侵略側の言語 B と同系化し，方言化するということを意味する．もちろん，これも方言間の接触同様に，言語のぶつかり合いというのは比喩的であり，現実世界には，両言語の話者どうしの関係があるわけで，戦略的・経済的侵略や植民地化などが背景にある．

したがって，侵略と言っても力でねじ伏せるタイプもあれば，ある程度友好的な状況の下，同化を受けることもある．また，衝突を起こす言語の関係にも，いくつかのレベルがありえる．相互がまったく系統を異にする場合と，同系統ながら異言語として存在するような場合とである．

侵略されて，同系化された言語に侵略前の特徴が残存することがある．これは，基層（サブストレイタム：substratum）と呼ばれる．日本の方言の中に基層が存在するかどうかは，断片的に言及されることはあっても，本格的に検討されたことはなく，未詳である．

10. 隣接伝播モデルと地理的配列

以上で分かるように，方言の成立要因は，かなり多様である．もっとも影響力が顕著と見られる人間どうしの交流を考えても，さまざまなありかたが考えられる．

実は，従来考えられてきたモデルは，特に接触のありかたに関して，端的に言えば，隣接する地域どうしの関係に着目し，それを敷衍する形で，より文化的中心地に近い場所から，遠い場所に向けての放射が，連続的・線状的に伝播するという，かなりシンプルなものであった．この背景には，地域住民は，基本的にあまり大きな距離を動かないものであり，かつ，かなり受動的に隣接地域との交流をベースに言語変化を受け入れるという考えがある．

このような従来の考え方を，隣接伝播モデルと呼ぼう．隣接伝播モデルは，このように住民の静的なありかたを基盤とする仮説である．そして，この考え方は，広く受け入れられてきたものの，重要なのは，これはあくまでも仮説であるという点である．問題は，あくまでも仮説であるにもかかわらず，十分な検証を受けることなく，これを地理的分布の解釈に対し，かなり広く適用して

きた点にある．

　接触という伝播の要因にあたる人間の行動を現実世界で想定してみるなら理解されることであるが，隣接地域間での交流は，実際上，ごく限られたものにすぎない．この点からすれば，地理的隣接関係に依存する分布上の配列のみをもって，方言間の影響関係に対し普遍的に還元することは，かなり危険なことである．

　それにもかかわらず，隣接伝播モデルにおいては，その他の接触による交流関係はあったとしても微細なもので，巨視的に見た場合，中央から周辺への影響関係が，大きな流れとしてとらえられると考え，地理的隣接関係と方言間の接触は，次のように，ほぼ同義として扱ってきた．

　　地理的隣接≒方言接触関係

　この考えに基づき分布を解釈する考え方は，広く定説化しており，このような見方を配列性理論と呼ぶことにする（次章参照）．

　しかし，以上で明らかなように，隣接伝播モデルに依拠する配列性理論は，原理的側面から，本来は詳細な検討が必要であり，他の影響関係も含めて検証が求められるのである．隣接伝播モデルは，現実の人間活動や言語行動のありかたを，かなり簡略化して考える，ある意味で単純なモデルであり，本来なら，このモデルそのものが，もっと批判的に検討されなければならないものであることを忘れてはならない．

11. 言語変化と方言の形成

　ところで，ここまで述べてきたことは，言語外・言語内など条件は異なるものの，ことばがどのようにして変化するかということであり，言語学では，言語変化という用語のもとで研究が進められてきた（クリスタル 1992）．しかし，方言の形成を明らかにするためには，これだけでは，まだ不十分である．そのような言語変化のさらに先を考えることが必要である．

　接触にせよ，言語内的な条件によるにせよ，新しい語形の発生など，何らかの言語上の変化が生じたとしても，それだけでは方言の形成にはいたらない．新しく生まれた変化が，地域社会で受容されるとともに共有されることが必要

なのである．共有され，伝達の道具となってはじめて，変化は「ことば」になる．それが共有される地域社会は，地理的空間上における一定の領域を持つ．地域社会ごとにことばを共有しながら，それぞれの地域社会が共有することばに，相互の異なりが生じたときに，地理空間上のことばの違い，すなわち，方言差が生じる．

　見方を変えれば，言語変化を説明しただけでは，方言の形成を説明したことにはならない．言語変化が生じた後，どのようにして，その変化が受容され，ことばとして共有化されていくのか，この点に関する研究は，実はまだ，十分に，また具体的になされているとは言えない．

　その点において，綿密なことは言えないわけであるが，おそらく変化発生後の特定地域内での拡大には地理的，あるいは空間的要素は必ずしも有効ではないだろう．地理空間的に観察するなら，地域社会の中で，不特定の箇所から発生しつつ，地域社会内でのコミュニケーションに従って，拡散するだけではないかと想像される．ゆえに，この段階では，地理的位置関係は有効ではないはずだ．それがしだいに共有化され，地域社会内での伝達の道具に昇格した段階で，地理空間的要素として十分な資格を獲得するにいたるものであろう．以上を模式化するなら図3.4のようになる．

　つまり，方言の形成を考えるにあたっては，ことばがどのように変化するかを見るだけでは十分ではないわけである．変化した結果が，いかにして伝え合いの道具としての「ことば」になるか，ということまで視野に入れることが必要なのである．

　その過程をとらえるためには，かなり詳細に，かつ連続的に，またある程度広範に方法と対象を設定して，調査・観測ならびに研究を行うことが要求されることは間違いない．難題であることは予想されるが，ここを打開しなければ，なかなか核心にたどりつけない大きな課題である．

　なお，図3.4でも分かるように，整理するなら，外的変化も内的変化も，初期段階より後の方言の形成過程には，異なりがない．しかし，言語使用者の心理面においても，異なりがないのかどうかは不明である．あるいは，内的変化においては他地域からの異化にともなう独自性というアイデンティティ，外的変化においては他地域との同化による憧憬の実現達成（図3.4では示していな

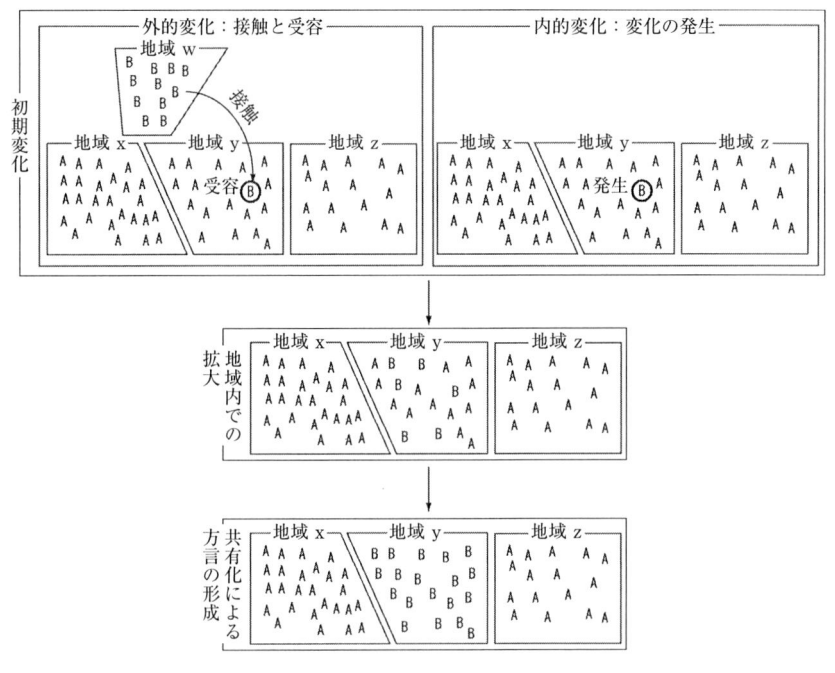

図 3.4 変化と方言の形成

いが，最終段階では地域 w と同化していることになる）といった側面もあるのかもしれない．また，そのようなことが，現実の分布のありかたに何らかの形で影響を及ぼしていることも考えられよう．しかし，詳細は不明である．

また，図 3.4 は方言の形成という点に絞ってモデル化したものである．実際には，地域 x, y, z 相互の接触・受容もありえるわけで，現実の分布はそれを反映した複雑なものとなるはずであることを断っておく．

■引用文献

新井小枝子（2000）「養蚕語彙の研究──意味分野《蚕》《桑》《繭》の造語法をめぐって──」室山敏昭編『方言語彙論の方法』和泉書院

大西拓一郎（1997）「活用の整合化──方言における形容詞の「無活用化」，形容動詞のダナ活用の交替などをめぐる問題──」加藤正信編『日本語の歴史地理構造』明治書院

大西拓一郎（2002）「長野県秋山郷方言の無意志動詞の可能形」真田信治編『消滅に瀕した方言語法の緊急調査研究(2)』文部科学省特定領域研究報告書

クリスタル，デイヴィッド（風間喜代三・長谷川欣祐監訳）(1992)『言語学百科事典』大修館書店
国立国語研究所（1968）『日本言語地図 第3集解説書』大蔵省印刷局
小林　隆（2002）「日本語の同音衝突」『現代日本語講座3 発音』明治書院
佐藤亮一監修（2002）『方言の地図帳』小学館
真田信治（1979）『地域語への接近』秋山書店
真田信治（1990）『地域言語の社会言語学的研究』和泉書院，pp.187-188
澤村美幸（2007）「方言伝播における社会的背景──「シャテー（舎弟）」を例として──」『日本語の研究』3巻1号
高橋顕志（1992）「同音衝突──解決の諸相──」『都大論究』29号
ドーザ（松原秀治訳）(1938)『言語地理学』冨山房
ドーザ（松原秀治・横山紀伊子訳）(1958)『フランス言語地理学』大学書林；邦訳の旧版はドーザ（1938）
馬瀬良雄（1969）「学区と方言」『国語学』77号；馬瀬（1992）に再録
馬瀬良雄（1978）「長野県の親族語彙──下水内郡秋山方言──」日本方言研究会・柴田　武編『日本方言の語彙』三省堂
馬瀬良雄（1992）『言語地理学研究』桜楓社
宮本常一（1960）『忘れられた日本人』未来社；岩波文庫（1984）
宮本常一（1961）『庶民の発見』未来社；講談社学術文庫（1987）
宮本常一（1985）『塩の道』講談社学術文庫
室山敏昭（1982）「地方の生活と方言語彙──大分県姫島の漁業語彙──」『講座日本語の語彙8 方言の語彙』明治書院
Nagashima, N. and Tomoeda, H. (1984) *Regional Differences in Japanese Rural Culture*, Senri Ethnological Studies 14, National Museum of Ethnology, p.192

第4章
方言の分布

1. 分布の表し方

　方言にはさまざまな語形が現れる．たとえば，「行かなかった」ということをイカナンダと言ったりイカザッタと言ったりイカンカッタと言ったりする．しかし，「方言を見渡せば，イカナンダ・イカザッタ・イカンカッタという言い方がある」というだけで，納得できるだろうか．「どこで」それらの言い方が使われているか，ということが知りたくなるはずだ．

　方言の語形と使われている場所を結びつけるには，いろいろな方法がある．例えば，次のように「〜地方」として示すことも可能である．

　　イカナンダ：近畿・中部・中国・四国・北陸地方
　　イカザッタ：中国・四国・九州地方
　　イカンカッタ：近畿・北陸地方

これ自体誤りではないものの，あまりにおおざっぱである．中国・四国はイカナンダとイカザッタが重複している．近畿・北陸のイカナンダ・イカンカッタでも同様である．どのあたりが境界なのかは，これだけではよく分からない．

　そこで，もっと細かく，それぞれが使われている場所の名前，つまり地名で示せば正確になると考えられる．それでは，以下のように示すなら，どうだろうか．

　　―ナンダ　　富山県西礪波郡福岡町福岡
　　―ナンダ　　岐阜県大野郡白川村鳩谷

―ナンダ　　福井県丹生郡越廼村蒲生
―ナンダ　　京都府竹野郡丹後町肯安
―ナンダ　　長野県北安曇郡小谷村大字中小谷
―ナンダ　　山梨県北巨摩郡長坂町長坂上条東村
―ナンダ　　島根県鹿足郡津和野町万町
―ナンダ　　鳥取県岩美郡岩美町浦富
―ナンダ　　兵庫県美方郡温泉町湯
―ナンダ　　岡山県苫田郡上齋原村本村
―ナンダ　　広島県高田郡吉田町柳原
―ナンダ　　香川県丸亀市本島町尻浜
―ナンダ　　徳島県美馬郡穴吹町口山字田方
―ナンダ　　滋賀県伊香郡西浅井町塩津浜
―ナンダ　　三重県員弁郡藤原町坂本
―ナンダ　　大阪府豊能郡能勢町吉野
―ナンダ　　静岡県磐田郡水窪町地頭方有本
―ナンダ　　愛媛県西宇和郡伊方町湊浦
―ナンダ　　高知県安芸郡東洋町白浜
―ザッタ　　島根県隠岐郡五箇村大字北方字岳野
―ザッタ　　広島県山県郡大朝町字間所
―ザッタ　　山口県阿武郡須佐町下三原上
―ザッタ　　鳥取県東伯郡大栄町大字由良宿
―ザッタ　　岡山県新見市菅生西谷
―ザッタ　　愛媛県越智郡上浦町井ノ口
―ザッタ　　香川県三豊郡豊中町大字下高野
―ザッタ　　福岡県遠賀郡芦屋町大字山鹿字柏原
―ザッタ　　大分県南海部郡宇目町千束
―ザッタ　　宮崎県西臼杵郡五ヶ瀬町三ヶ所貫原
―ザッタ　　愛媛県東予市周布
―ザッタ　　徳島県三好郡山城町寺野
―ンカッタ　新潟県佐渡郡相川町下相川

—ンカッタ　　富山県東礪波郡利賀村利賀
　　—ンカッタ　　福井県武生市上大坪
　　—ンカッタ　　長野県小県郡真田町真田
　　—ンカッタ　　長崎県上県郡上対馬町大字西泊浦浜
　　—ンカッタ　　島根県邇摩郡仁摩町大字仁万港区
　　—ンカッタ　　山口県阿武郡須佐町下三原上
　　—ンカッタ　　広島県佐伯郡大野町塩屋
　　—ンカッタ　　岡山県玉野市宇野
　　—ンカッタ　　徳島県徳島市蔵本町
　　—ンカッタ　　福井県大飯郡大飯町本郷
　　—ンカッタ　　愛知県愛知郡東郷町和合字北蚊谷
　　—ンカッタ　　大阪府泉南郡阪南町鳥取
　　—ンカッタ　　三重県志摩郡大王町波切
　　—ンカッタ　　宮崎県東臼杵郡北浦町大字古江字地下

　多くの人には，かえって分かりにくいはずだ．地名を聞いて，すぐに場所と結びつけるのは容易なことではない．

　地名を用いることには別の問題もある．地名というものは変わってしまうことがあるからだ．よく知られるように，21世紀初頭には「平成の大合併」などと言われる市町村合併により，かなり大きく地名が変動している．実は，このような地名の変更は，この時期に限ったことではなく，それまでも続いていたことである．変更当初はよいとしても，しばらくすると古い地名は分からなくなってしまいがちである．

2. 方言地図

(1) 語形記入法

　地図を使えば，ことば（語形）と場所の関係をもっと分かりやすく示すことができる．地図にして，それぞれの語形が使われている場所を示すわけである．分かりやすいだけではなく，正確に場所が指定できる．このようにして方言の分布を表した地図は「方言地図」とか「言語地図」と呼ばれる．方言という特

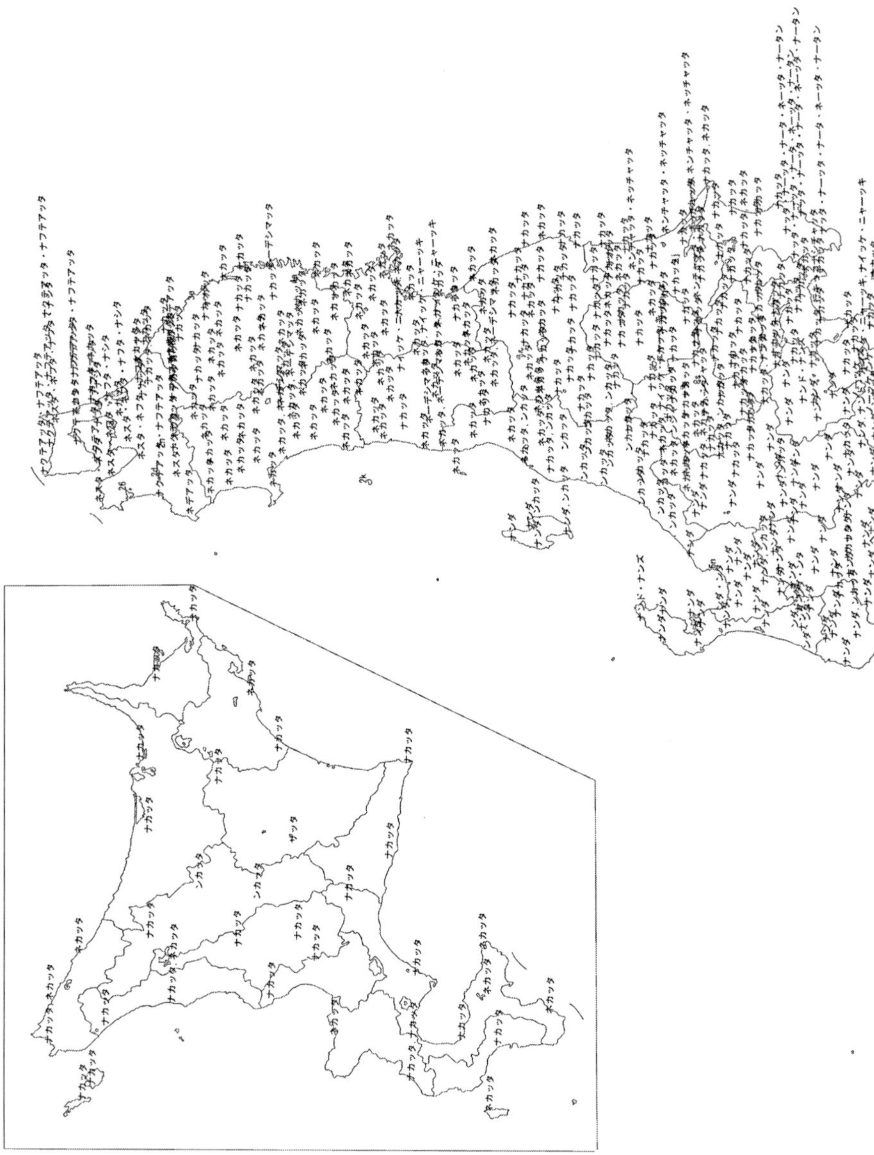

図 4.1 「(行か) なかった」：語形記入法

定の対象を主題として作成する地図なので，地図の種類としては，主題図である．そしてこのような地図をベースに方言分布を研究する学問分野は「言語地理学」と呼ばれる．

今，ひとことに「方言地図」と述べたが，地図としての表現にはいろいろな方法がある．もっとも直接的には，使われている場所に語形を記入する方法がある．語形記入法とも呼ばれる方法である．手順が簡潔でよさそうだが，記入する語形が場所をとる，また，分布の様子が把握しにくくなるなどの欠点がある．図 4.1 は「(行か) なかった」にあたる各地の語形を地図上に記入してみたものである．ここから分布を読み取るのはかなり難しいが，ヨーロッパの言語地図にはこの方法を採用するものもある．

(2) 記号法

記号法は，語形を符号（記号）に置き換えて地図にする方法である．日本には，全国型の方言地図として，国立国語研究所が編集した『日本言語地図』(国立国語研究所 1966-1974) と『方言文法全国地図』(国立国語研究所 1989-2006) という 2 種類の地図があるが，これらはこの記号法を採用している．また，このような全国図のほかに地域ごとの方言地図が各地で編集されているが，それらの多くもこの記号法を採用している．図 4.2 は『方言文法全国地図』から「(行か) なかった」を簡略化して作図し直したものである．実は，図 4.1 も図 4.2 ももとのデータは同じであるが，図 4.2 の方が，はるかに分布が把握しやすいことが理解されるだろう．

図 4.2 でも分かるように，記号法の地図には，地図と凡例が用意されている．凡例は語形と記号の関係を示す部分である．多くの場合，この凡例と地図がセットで方言地図になっている．

地形図のような一般の地図と，記号法の方言地図の大きな違いは，語形を記号に置き換える手順に特別なきまりがないことである．一般の地図では郵便局は「〒」のマークで，小中学校は「文」のマークで表示するといった約束がある．方言地図にはこのようなきまりはない．

これは，ちょっと聞くと不思議に思われるかもしれない．しかし，地図化の対象項目（例えば「行かない」「行かなかった」「とうもろこし」など）の数と，

2. 方 言 地 図

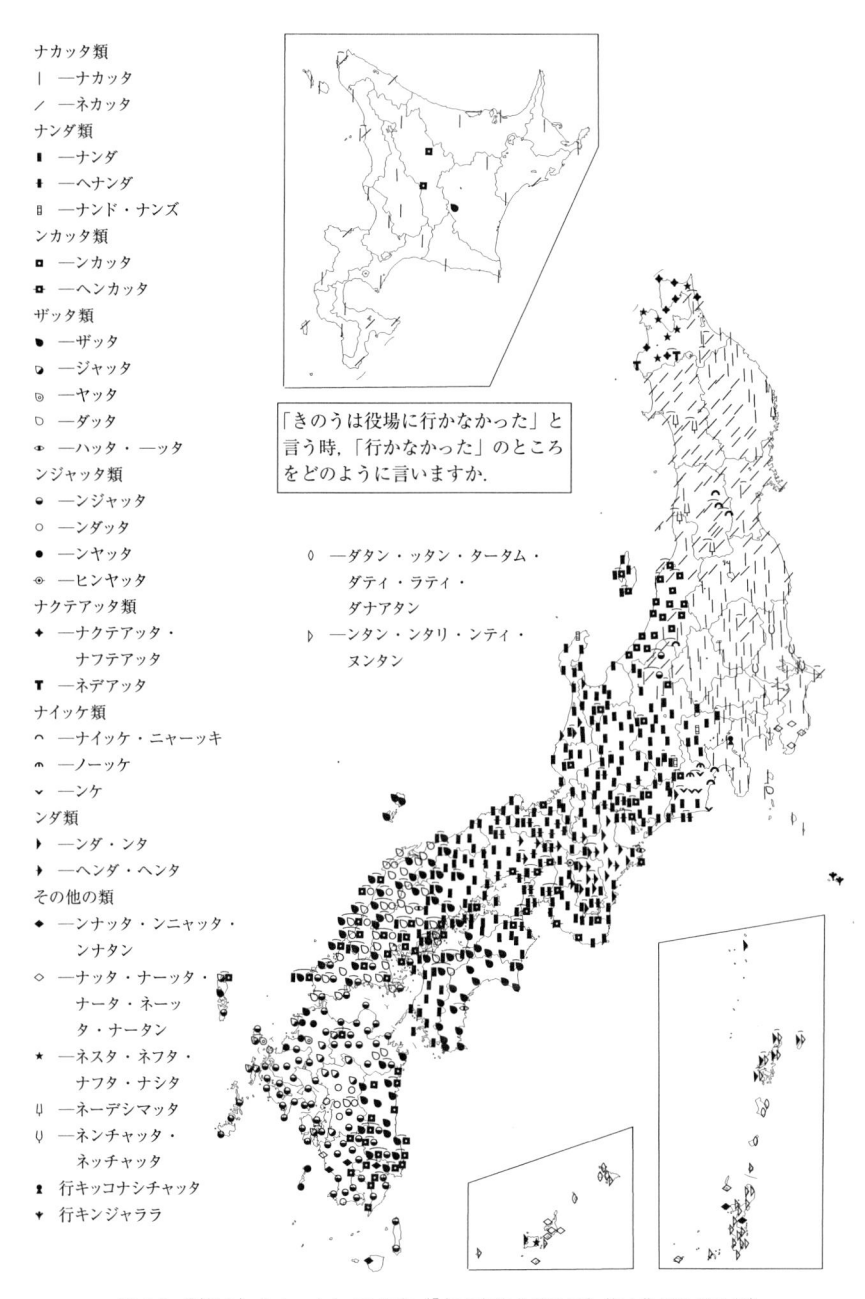

ナカッタ類
| ―ナカッタ
╱ ―ネカッタ
ナンダ類
▮ ―ナンダ
▯ ―ヘナンダ
▯ ―ナンド・ナンズ
ンカッタ類
◻ ―ンカッタ
◼ ―ヘンカッタ
ザッタ類
● ―ザッタ
◐ ―ジャッタ
◉ ―ヤッタ
○ ―ダッタ
◈ ―ハッタ・―ッタ
ンジャッタ類
● ―ンジャッタ
○ ―ンダッタ
● ―ンヤッタ
◉ ―ヒンヤッタ
ナクテアッタ類
✦ ―ナクテアッタ・
　　ナフテアッタ
T ―ネデアッタ
ナイッケ類
⌒ ―ナイッケ・ニャーッキ
⌒ ―ノーッケ
⌵ ―ンケ
ンダ類
▶ ―ンダ・ンタ
▶ ―ヘンダ・ヘンタ
その他の類
◆ ―ンナッタ・ンニャッタ・
　　ンナタン
◇ ―ナッタ・ナーッタ・
　　ナータ・ネーッ
　　タ・ナータン
★ ―ネスタ・ネフタ・
　　ナフタ・ナシタ
ᑌ ―ネーデシマッタ
ᑌ ―ネンチャッタ・
　　ネッチャッタ
⚡ 行キッコナシチャッタ
✢ 行キンジャララ

「きのうは役場に行かなかった」と言う時,「行かなかった」のところをどのように言いますか.

◊ ―ダタン・ッタン・タータム・
　　ダティ・ラティ・
　　ダナアタン
▷ ―ンタン・ンタリ・ンティ・
　　ヌンタン

図 4.2 「(行か) なかった」: 記号法 (『方言文法全国地図』第 4 集 151 図より)

図4.3 「(行か) なかった」:塗りつぶし法(『口語法分布図』)

それぞれの対象で現れる語形（例えば，「行かない」ならイカナイ・イカン・イカヘン・…，「行かなかった」ならイカナカッタ・イカナンダ・イカザッタ・…，「とうもろこし」ならトーモロコシ・トーキビ・モロコシ・…）の数を考えるなら，全体としては，それらをかけ合わせた，つまり項目数×語形数という莫大な量の語形が存在することになり，これらをすべてはじめから予測することは，不可能であることが理解されるだろう．ゆえに，原理的に一般の地図のようなきまりは作れないのである．なお，このことは，地図一般のことで考えるなら，地形図のような一般の地図と，方言地図のような主題図との性質や目的の違いに置き換えても同じである．

(3) 塗りつぶし法

塗りつぶし法は，語形が用いられる地域を塗りつぶすことで表現する方法である．現れる語形が比較的少ない場合には分かりやすくてよいが，語形が多い場合や分布が錯綜する場合などには，この方法を適用するのは難しくなる．図4.3は，明治時代の国語調査委員会による「(行か) なかった」の地図であり（国語調査委員会 1906b），報告された行政領域を塗りつぶすことで地図化を行っている．

なお，やや立ち入った話になるが，この方法における塗りつぶし対象領域の設定にあたっては，使用地点（調査地点）をもとに，ティーセン多角形（Thiessen polygon）を用いてボロノイ分割（Vorronoi tessellation）する手法（鈴木 2005）が知られている．この方法を利用して，対象領域全体を多角形に分割し，ボロノイ図と呼ばれる分割図面を生成し（岡部 2001），それぞれの多角形を使用語形に合わせて塗りつぶすという方法が採用されることもある．日本では，ほとんど用いられない手法であり，図4.3も単純に行政領域を塗りつぶしているだけであるが，海外の言語地図では，このボロノイ図によるものを見かけることがある．

3. 分布の類型

先にも触れた国立国語研究所による全国方言分布図『日本言語地図』『方言

文法全国地図』を見るなら，さまざまな分布があることが分かる．両方合わせて 650 枚もの方言地図があり，めくるだけでも圧倒される思いを抱かされることだろう．

しかし，おおまかに分布をとらえてみると，もちろんすべてが割り切れるものではないものの，いくつかに類型化できることにも気づく（佐藤 1979, 1986, 大西 2002）．なかでも主要なものとして，周圏分布・逆周圏分布・東西対立が挙げられる．

4. 周圏分布

(1) 周圏分布の基本

方言分布の形成を説明する有力な考え方に方言周圏論というものがある．その基本的な考え方は，「語は，文化の中心地を発信源として，そこから，人を介して，地を這うように伝わっていく」というものである．これは，逆手にとることで，「分布をもとにすれば，語の歴史が推定できる」という方法に応用される．

前章末尾で述べた隣接伝播モデルとそれを応用した配列性理論が，まさにこれにあたる．前章では批判的に述べたが，実は，非常に基本的な理論であり，まずは，その考え方をよく理解しておきたい．そこで，先に（前章2節(1)）記したことと一部が重複するが，もう少し詳しく説明する．

x─yと地点が並んでいたとする．両地点のうち，xが文化の中心地だとする．このx─yに対し，A─Bというように語の分布が見られるとする．そうすると，語形Bは，現在，地点xで用いられていないが，かつて使われていたことが考えられる．つまり，地点xでは，B→A（→の左が古く，右が新しい）という語の歴史が推定される．この考え方を同じように適用すると，x─y─zと地点が並んでいて，xが発信源となる文化の中心地なら，A─B─Cと語が分布している場合，BとCでは，Cの方が中心地から離れた地点で用いられていることから，C→Bという順が考えられる．すなわち，地点xではC→B→Aと語形が移り変わったと考えられる．

次に，y─x─zという地点の並びに対し，A─B─Aという語形の分布

が見られるとする．地点 x がやはり文化の中心地で，かつ，地点 y と z との間には特に交流がない．このように交流のない y と z に同じ語形 A が見られる点に注意が必要である．同じ語形が関連のない地域で発生することは，高い偶然性に依存し，「言語記号の恣意性」（語形と意味の間の結びつきに必然性はないこと）という一般言語学的に知られる言語の普遍的性質に照らしても考えにくい．この場合，かつて地点 x で用いられた語形 A が地点 y と z に伝わり，現在，地点 x では語形 B が用いられていると考えると説明がつく．すなわち，地点 x における語の歴史は，A→B の順で変化したと考えられることになる．この考え方は，柳田國男『蝸牛考』(1930) の中で「蝸牛（かたつむり）」の方言形の分布を例にしながら提唱された「方言周圏論」（略して「周圏論」とも）という名で呼ばれるものとほぼ同じであることから，A―B―A 型の分布パタンは，「周圏分布」と呼ばれる．

　以上の基本的な考え方は，柴田武『言語地理学の方法』(1969) によって整理された．とりわけ重要なのは，地点 x―y に対する分布 A―B から x における歴史 B→A を推定する手続きの「隣接分布の原則」と，地点 y―x―z に対する分布 A―B―A から x における歴史 A→B を推定する手続きの「周辺分布の原則」である．

　以上の考え方にのっとった言語地理学は，1970 年代の日本における方言学の大きな牽引力となった．図 4.4 は，日本の言語地理学の嚆矢と言ってよいであろう「蝸牛」の分布図である（『日本言語地図』に基づく略図）．東西の両極にナメクジ系の語が見られる．そして，その内側にツブリ系やカタツムリ系が見られ，近畿のデデムシ系を取り巻くようにマイマイ系が分布している．日本全体における歴史的な文化の中心地は京都を含む畿内である．そこで，この分布から，畿内で起こったナメクジ系→ツブリ系→カタツムリ系→マイマイ系→デデムシ系を推定し，この順序で中心地の畿内から周辺に放射され，拡散していった結果が，現在の全国分布と考える．これが，「方言周圏論」の具体的適用結果である．

　図 4.5 は，共通語で「〜しなければならない」として表される義務表現の全国分布を示している．この地図は全体に複雑でとらえにくいが，ここから「〜ならない」にあたる箇所を〜オエネー・オエン，〜デキネー・デキンのように

60　　　　　　　　　第4章　方言の分布

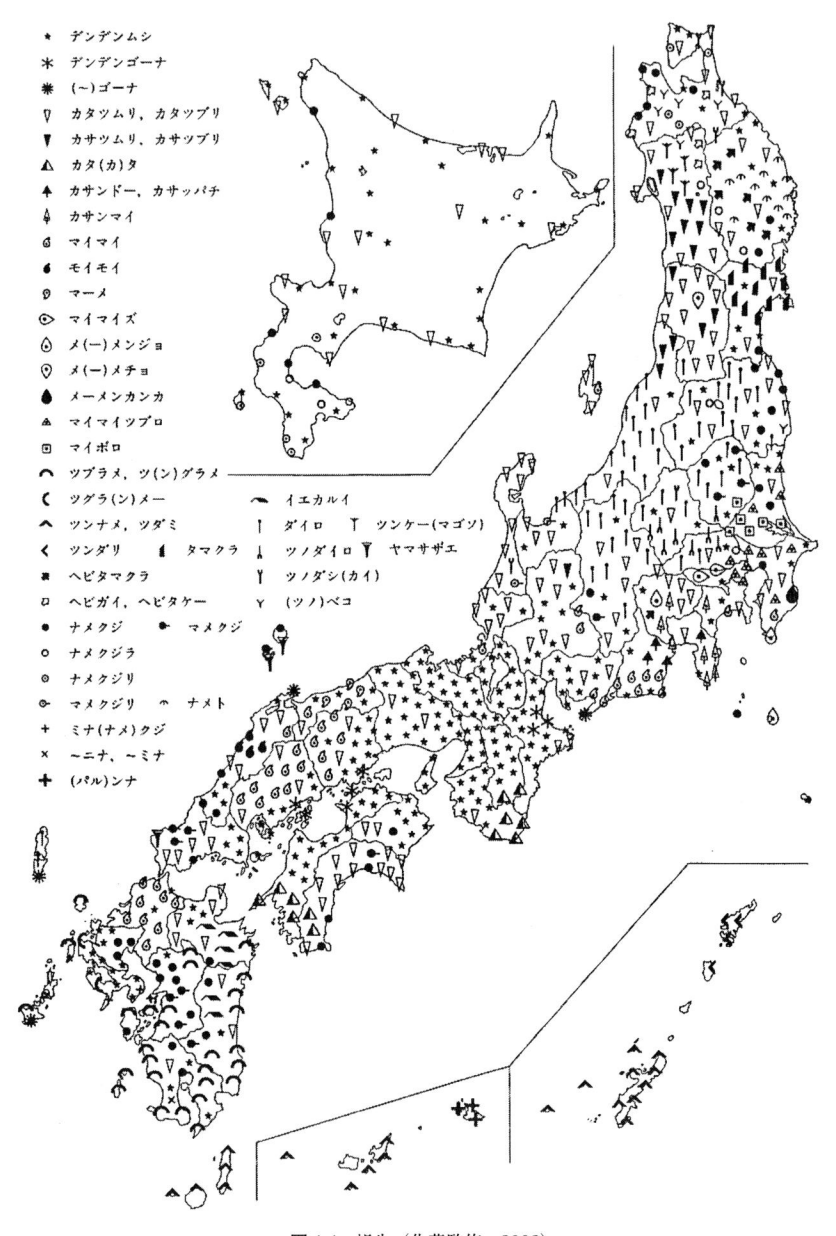

図4.4　蝸牛（佐藤監修，2002）

4. 周圏分布

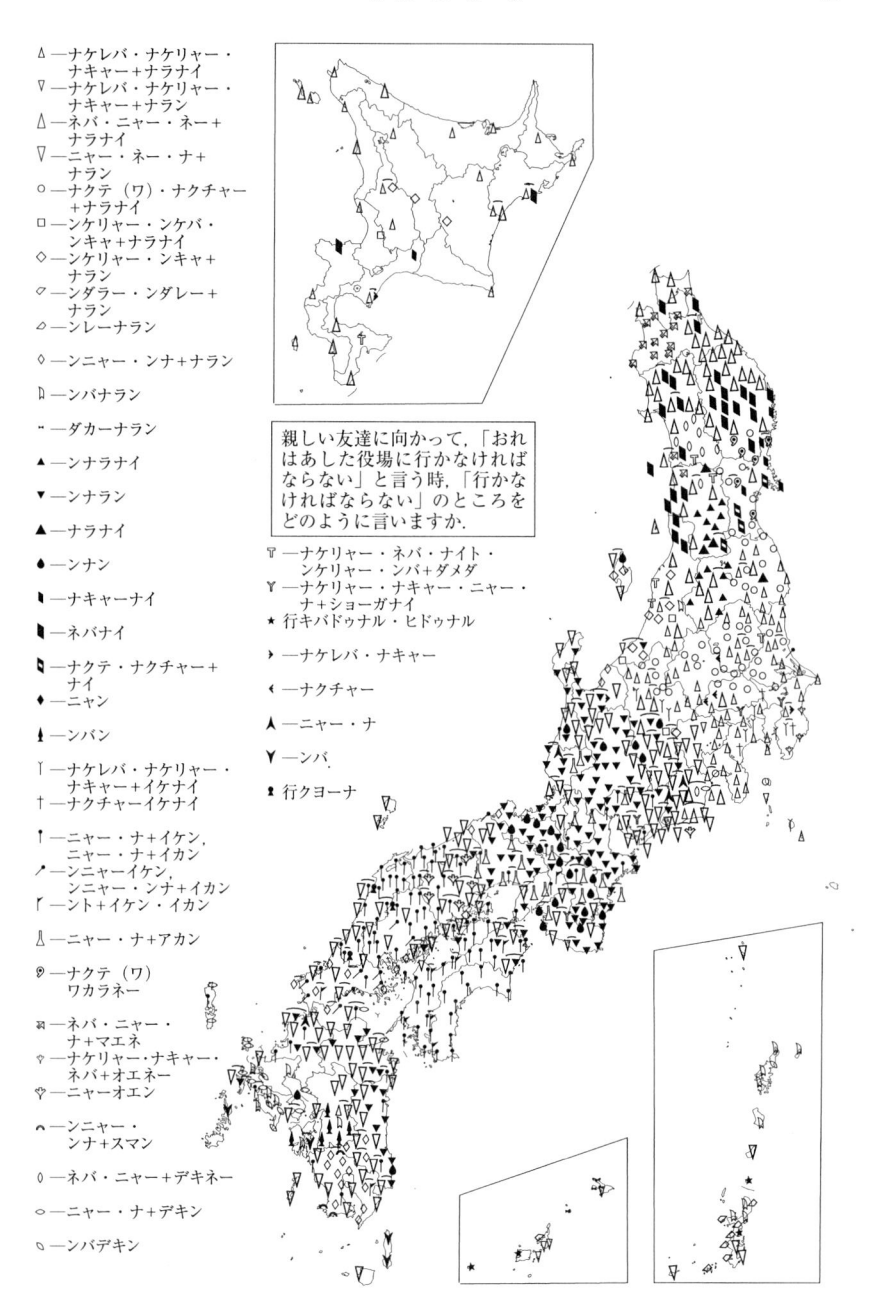

- △ーナケレバ・ナケリャー・ナキャー＋ナラナイ
- ▽ーナケレバ・ナケリャー・ナキャー＋ナラン
- △ーネバ・ニャー・ネー＋ナラナイ
- ▽ーニャー・ネー・ナ＋ナラン
- ○ーナクテ（ワ）・ナクチャー＋ナラナイ
- □ーンケリャー・ンケバ・ンキャ＋ナラナイ
- ◇ーンケリャー・ンキャ＋ナラン
- ▽ーンダラー・ンダレー＋ナラン
- ○ーンレーナラン
- ◊ーンニャー・ンナ＋ナラン
- ⌂ーンバナラン
- ¨ーダカーナラン
- ▲ーンナラナイ
- ▼ーンナラン
- ▲ーナラナイ
- ◆ーンナン
- ◣ーナキャーナイ
- ◣ーネバナイ
- ◗ーナクテ・ナクチャー＋ナイ
- ◆ーニャン
- ◣ーンバン
- ⊤ーナケレバ・ナケリャー・ナキャー＋イケナイ
- †ーナクチャーイケナイ
- ↑ーニャー・ナ＋イケン，ニャー・ナ＋イカン
- ∕ーンニャーイケン，ンニャー・ンナ＋イカン
- ⌈ーント＋イケン・イカン
- ⋏ーニャー・ナ＋アカン
- ⑨ーナクテ（ワ）ワカラネー
- ⌼ーネバ・ニャー・ナ＋マエネ
- ⌽ーナケリャー・ナキャー・ネバ＋オエネー
- ⌿ーニャーオエン
- ⌒ーンニャー・ンナ＋スマン
- ∅ーネバ・ニャー＋デキネー
- ○ーニャー・ナ＋デキン
- ⌀ーンバデキン

- ⊤ーナケリャー・ネバ・ナイト・ンケリャー・ンバ＋ダメダ
- ⊻ーナケリャー・ナキャー・ニャー・ナ＋ショーガナイ
- ★ー行キバドゥナル・ヒドゥナル
- ▸ーナケレバ・ナキャー
- ◂ーナクチャー
- ▲ーニャー・ナ
- ▼ーンバ
- ⌑ー行クヨーナ

親しい友達に向かって，「おれはあした役場に行かなければならない」と言う時，「行かなければならない」のところをどのように言いますか．

図 4.5 義務表現「（行か）なければならない」（『方言文法全国地図』第 5 集 208 図より）

62 第4章 方言の分布

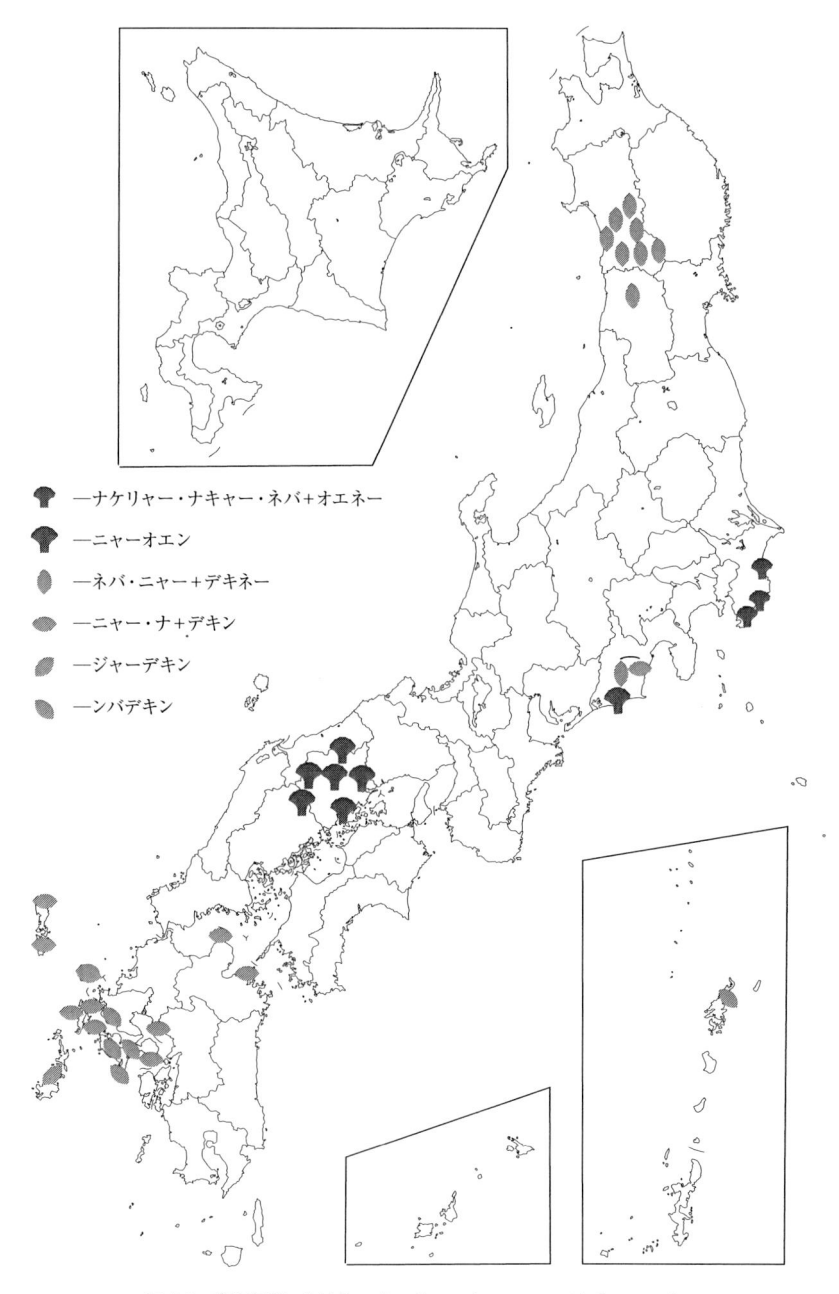

― ナケリャー・ナキャー・ネバ+オエネー
― ニャーオエン
― ネバ・ニャー+デキネー
― ニャー・ナ+デキン
― ジャーデキン
― ンバデキン

図 4.6 義務表現における〜オエネー・オエン，〜デキネー・デキン

表現する地域を抽出してみたのが，図4.6である．〜オエネー・オエンがより内側に，〜デキネー・デキンがより外側に分布していることが分かる．これに基づくならば，デキネー・デキン→オエネー・オエンという歴史的順序が推定されることになる．

(2) 空間と時間

方言周圏論は，中央における時間の流れを，分布という空間的配置に置き換える考え方である．すなわち，時間と距離という異なる次元を結びつけるものであり，その点に大きな魅力がある．そこから，徳川（1993, 1996）や井上（2003）のように具体的な拡散速度を測定しようとする試みもなされた．

加えて，方言という日常世界が歴史につながるという点でもひきつけるものがある．日本語には多くの歴史的文献があるが，これらから読み取ることのできる日本語の歴史は，上層階級の言語史である．方言の分布を利用すれば，一般庶民の日本語史が得られると考えられる（小林 2004）．実際，蝸牛などはその語の性質上，古典には現れにくいものであり，そのような語を対象にした書かれた歴史に現れない民衆のことばの歴史というのは，どこか強くひきつけるものがある．

ただし，気をつけなければならないのは，これらの考え方の基盤は，きわめて簡潔な理屈であって，変化を引き起こす原因となる接触を地理的隣接性に依存した線状的流れにのっとらせている点である．これが，前章で述べた隣接伝播モデルである．このモデルに従えば，地理的2次元空間上の配列が重視されることになる．それが，放射中心地から順次遠ざかるA・B・Cという分布配列があれば，これをもってC→B→Aという歴史的順序に置き換えられるというものである．方言周圏論に代表されるこのような考え方を，配列性理論と呼ぶゆえんである．

問題は，接触を隣接性にのみ還元する点にある．やはり前章で述べたように，接触のありかたは多様なはずである．地域間の関係，すなわち人の交流こそが，接触である．配列は，たまたま隣り合っているにすぎないのであって，配列を交流関係に置き換えることには，相当な飛躍があると言わざるをえない．

ゆえに，本来，求めなければならないのは，地域間の人間どうしの関係性を

基盤とした伝播のモデルとそれに基づく分布の読み取りなのである．

　もちろん，これは配列関係に較べれば，はるかに難しい．特定の地域どうしにおける人間の接触関係をさまざまな角度から考慮しなければならないからだ．しかし，次章で述べるように，言語外の多様な地理情報が作成されるとともに，それを利用した分析がしだいに可能になってきている．このような手法を活用することで，配列性理論の世界から関係性の世界に踏み出すことが，これからの方言の分布研究には求められる．

5. 逆周圏分布

(1) 周辺部が新しい分布

　前章において，九州で動詞「見る」の命令形を見レと言うことを述べた．このような語形の発生は，内的変化と呼ばれるもので，前章3節にも記したように次のような類推の比例式で説明できる．

　　　　取ル：取レ＝見ル：x,　　x＝見レ

　この現象は，「見る」のような動詞全体の中で少数派の一段動詞が，「取る」のように勢力が優勢なラ行五段動詞に近づく変化であることから，ラ行五段化と呼ばれる．ラ行五段化は，このような比例式で説明できるものであり，法則的変化，つまり，自然な言語変化なのである．この点からすれば，見レのようなラ行五段化した形式は，新しく発生したものであることは確かである．それでは，この見レはどのような分布を示すであろうか．

　図4.7のミレ（右斜め上向きの二等辺三角形）に注目してほしい．ラ行五段化の見レは，九州のほか，東北の日本海側など，日本列島の周辺部に分布する．分布の模様だけ見たのでは，周圏分布と区別がつかない．しかしながら，この図においては，周辺部の語形が新しい．

　図4.8は，前章3節の内的変化において，水準化の例として挙げた形容詞活用の整合化が見られる地域の分布を示している．また，図4.9は，義務表現において，「〜なければならない」という長い分析的な形式が，ひとまとまりの形式に変化した，形態的に文法化を起こした語形の分布を示している．いずれも言語変化の観点からするなら，その歴史的な発生は相対的に新しいと考えられる．

5. 逆周圏分布　　65

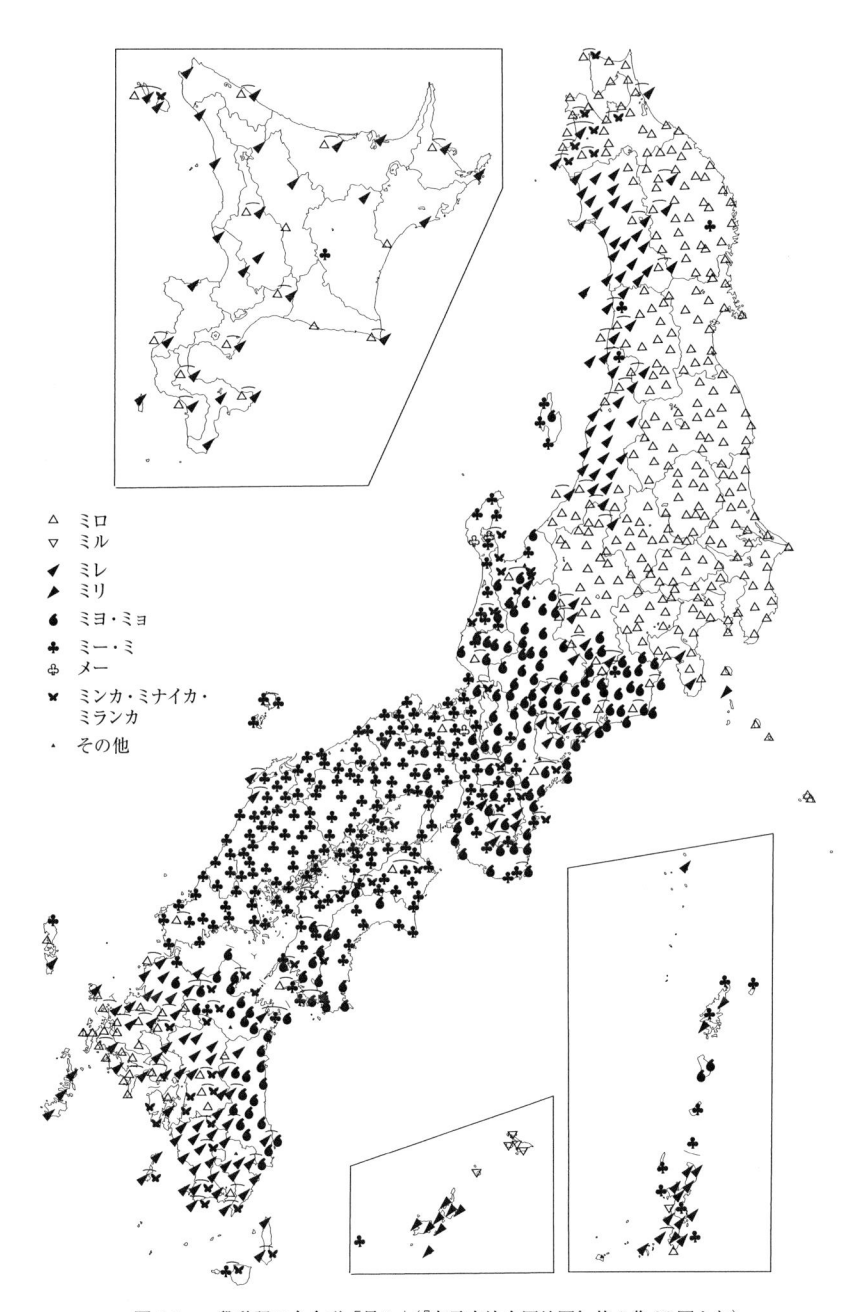

△　ミロ
▽　ミル
◀　ミレ
➤　ミリ
●　ミヨ・ミョ
✚　ミー・ミ
⊕　メー
✖　ミンカ・ミナイカ・
　　ミランカ
・　その他

図 4.7　一段動詞の命令形「見ろ」(『方言文法全国地図』第 2 集 86 図より)

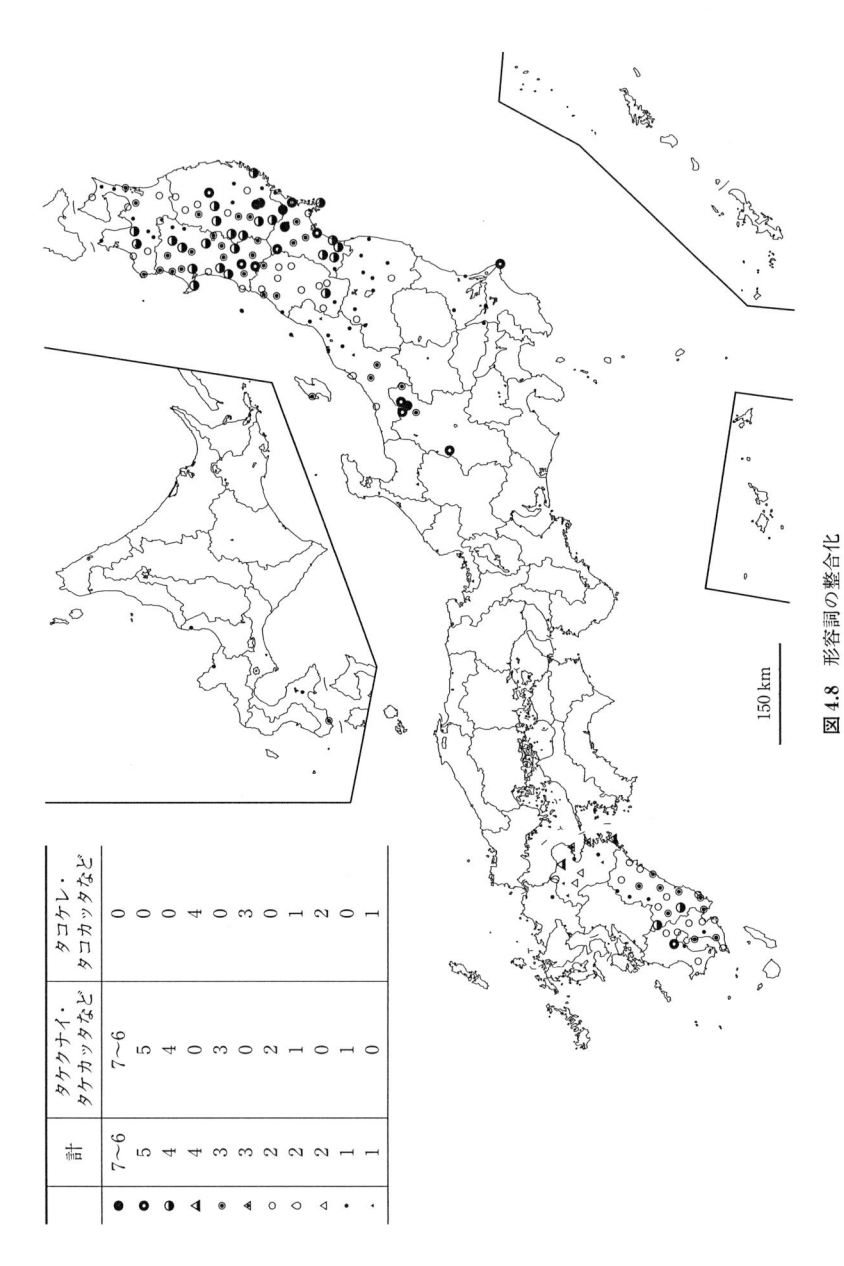

図 4.8 形容詞の整合化(『方言文法全国地図』における形容詞の整合化形式の現れる項目数(第3集 136〜139, 141〜144図より).

5. 逆周圏分布

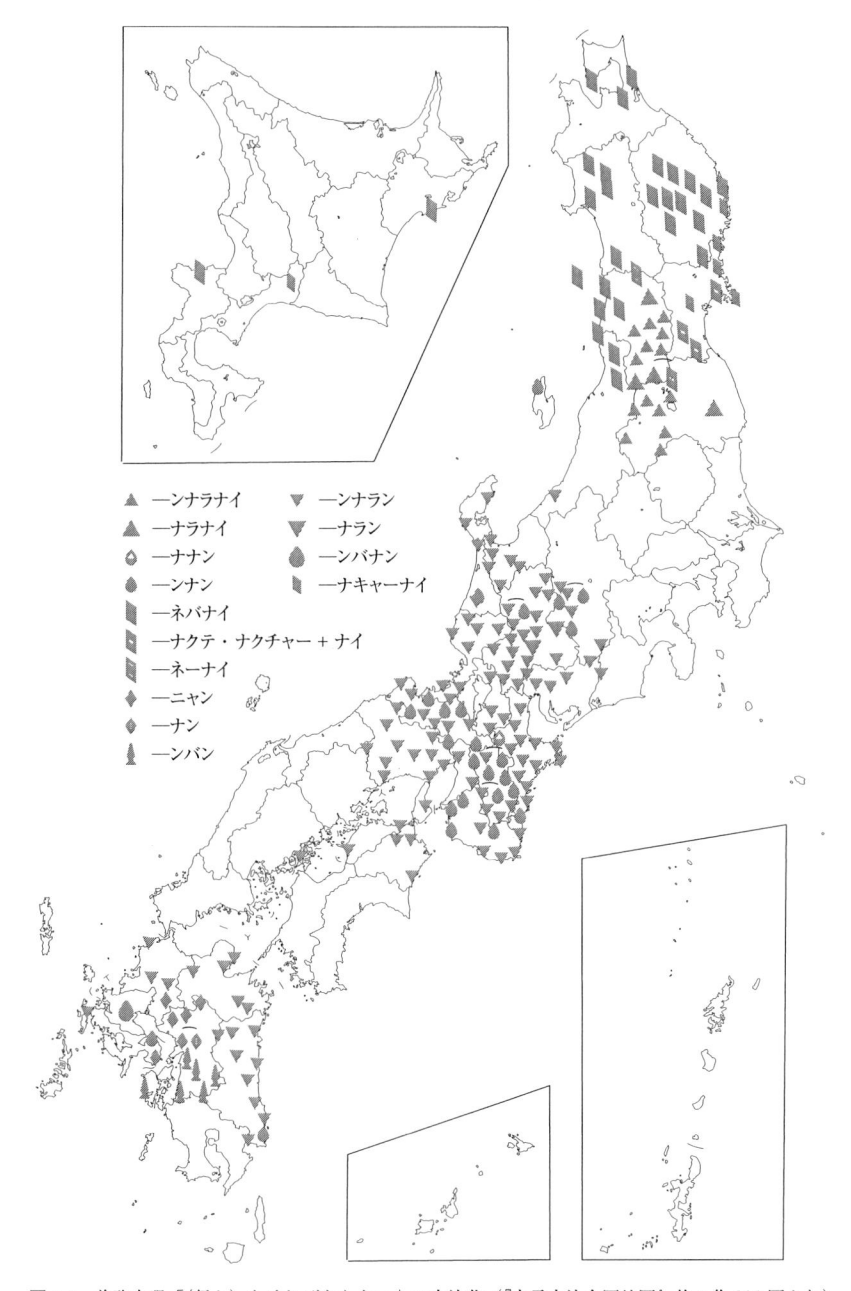

▲ ーンナラナイ　▼ ーンナラン
▲ ーナラナイ　　▼ ーナラン
💧 ーナナン　　　🝆 ーンバナン
🝆 ーンナン　　　🝆 ーナキャーナイ
🝆 ーネバナイ
🝆 ーナクテ・ナクチャー＋ナイ
🝆 ーネーナイ
♦ ーニャン
♦ ーナン
🝆 ーンバン

図 4.9　義務表現「(行か) なければならない」の文法化（『方言文法全国地図』第 5 集 208 図より）

いずれにおいても分布領域が，周辺部に認められる点に注意したい（図4.9の近畿と周辺を除く）．つまり，周辺部が新しいわけである．これは，周辺部が古いという周圏分布と逆であることから，逆周圏分布と呼ばれる．

(2) 逆周圏分布のとらえ方

このような逆周圏分布の存在をもって，周圏論を否定するのは正しくない．方言周圏論のみでは，すべての分布現象が説明できないというだけのことである．

それでは，このような逆周圏分布はどのようにして成立したのであろうか．素朴な疑問として，自然な言語内的変化に依存するものなら，特に周辺部にまとまった形を呈する必然性はなく，各地で勝手に発生し，まだら模様を描いても不思議ではないように思われる．

逆周圏分布は，自然な言語変化に起因するが，これが起こりやすい地域と起こりにくい地域がある．同時に特定地域で発生しても，それが地域間の接触において，受け入れやすい地域と受け入れにくい地域がある．まずは，このように考えてみよう．

受け入れない理由の一つとしては，変化を生じさせる言語内の条件を有していないことが考えられる．内的変化は，いわば合理化である．当該の変化が合理的であるかどうかは，それぞれの方言で事情が異なる．ある方言で合理的であっても，別の方言ではそうではないこともある．理にかなわなければ，変化を受け入れないのは，もっともであろう．図4.8に見られるタケクナイのような形は，関西などでは見られないが，そもそも「高い」をタケーのように，母音融合の形で言う地域が広く存在しないことがその理由として考えられる．

その一方で，図4.7のミレ（見ろ）などは，もっと広い地域で見られても不思議ではない．本土方言であれば，ほぼどこでもこの事象に関する言語的な条件に違いはない．それにもかかわらず，広がらない，つまり受け入れないのはなぜか．おそらくここには次のようなことがあるのだろう．

いかに合理的な変化であっても，それを起こしにくい地域や受け入れにくい地域では，もともとのことばを守ろうとしているのである．たとえ自然な変化であっても，従前のことばを保とうとするわけである．この背景にあるのは，

規範力である．この規範力が及ぶ場合は，たとえ自然な変化であっても，その拡大がおさえつけられる．比較的身近な例では，「見られる」を見レルと言うような「ラ抜き言葉」が挙げられる．「ラ抜き言葉」の発生の原理は，ラ行五段化に共通するもので，自然な変化の方向性にかなっているが，言語問題の一例としてしばしば言及されるように規範力によりおさえつけられる．

　このような規範力が地理的な範囲で及ぶ場合に逆周圏分布が生じる．もちろん，新語形の分布が見られない地域に規範力が働いていると見られる．これは，ことばに対する保守性／革新性という意識のありかたを一面で示しているものかもしれない．もっとも，そのような決めつけは，誤解を招きかねないから気をつけたい．規範の有効性は個々の現象に依存するはずであり，地域の気性のようなものとは必ずしも結びつかない．とはいえ，文化的中心地から離れた地方ほど，革新的な語形を見せるというのは興味深い．

6．方言分布のとらえ方

　義務表現の全体像は，図4.5に示したようにかなり複雑である．そして，注意してほしいのは，このさまざまな分布の中に図4.6のような周圏分布もあれば，図4.9のような逆周圏分布もあるということである．
　義務表現という一つの対象項目の中のすべてが周圏分布でなければならないとか，逆周圏分布でなければならないといったものではない．個々の語形ごとに履歴は違うものなのである．「語ごとに歴史がある」というのも，言語地理学の有名な古典的テーゼであるが，この場合の語は，蝸牛とか，義務表現とか，個々の対象項目に現れる語形全般をまとめて指す．しかし，実は，それぞれの対象項目に現れる個々の語や表現に対してもこのテーゼはあてはめて考えるべきことなのである．

7．新しい体系の形成

(1) 九州の「起きる」
現代共通語では，「起きる」が「起きる・起き（ない）」のように活用する．

古典語では，「起くる・起き（ぬ）」のようであった．古典のような活用は，二段活用と呼ばれる．二段活用的な形式は，九州と紀伊半島の沿岸部に分布することが知られている．とりわけ九州の分布は領域も広い．この点からすれば，九州には古典の文法が生きていることになる．

その一方で，逆周圏分布で触れたように，内的変化による新しい形も九州には生じている．このことが，先にも述べたように，特定の事象をもってその地域を保守的／革新的という決めつけができないことを示している．

それはともあれ，見ランのような類推による革新的な形が広く生じているのは，事実である（前章 3 節参照）．見ランの「見る」は一段活用の動詞である．これに類似した起キランも存在する．この起キランの発生を説明するためには，「起きる」という二段活用の動詞が，起クルから起キルという一段活用の形に変化した段階を想定することが必要である．そして，一段化した起キルが数の上で圧倒的勢力を持つラ行五段動詞にひきつけられる形で，類推により，一段活用にラ行五段化が起きたものとして，起キランの発生は説明できる．

　　　切ル：切ラン＝起キル：x,　　x＝起キラン

これは，もともと一段動詞であった「見る」に平行している．では，どうして「起きる」が一段化するステップを考慮しなければならないかというと，二段型のままでは，類推式から得られる語形は，

　　　切ル：切ラン＝起クル：x,　　x＝起クラン

のように「起クラン」であって，起キランにはならないからだ．そして，このような起クランという形は，現実に存在しない．

ここで，この「起きる」という動詞の活用に関する九州の分布に目を転じてみよう．図 4.10 が示すように，一段化を経てラ行五段化形式を持つようになった地域（起キル・起キラン）が西側に広く見られ，二段型（起クル・起キン）を維持する地域が東側にまとまっている．同時に注目されるのは，両者の接触する中間地帯である．ここでは，両者の混在（起クル・起キラン）が生じている．

重要なのは，起クル・起キランのような混在型であったとしても，これを混在と見るのは外からの見方であって，当該地域の内部では，これが文法上の活用体系として存在しているという点である．つまり一見複雑ではあっても，それを複雑と見るのは外からの主観的評価にすぎない．しかもこのような混在型

	終止形	否定形
●	二段型（起クル・起クッ）	非ラ行五段化（起キンなど）
○	一段型（起キル）	ラ行五段化（起キラン・起キヤン）
◉	二段型（起クル・起クッ）	ラ行五段化（起キラン・起キヤン）

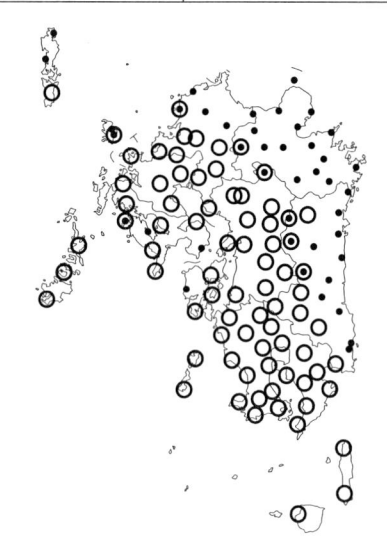

図 4.10 九州における二段動詞「起きる」の活用と分布（『方言文法全国地図』第 2 集 61，72 図より）

は，比較的古くから存在するようで，地域古文献でも確認されるという（迫野 1998）．

(2) 東北の「する」

図 4.11 は，サ変動詞「する」の東北地方における状況を示している．筆者は，北部のサ（ネー）・ス形タイプの五段型（地図凡例の●にあたるもの）が古いと考えているが（大西 2004），これには異論もあろう．それはともかく，一段的な形式と，五段的な形式が各地に混在している．これも，混ざっていると見るのは，外の見方であり，内部ではそれぞれが活用体系として存在していると考えてよい．

いずれにせよ，これら混在型の活用を生み出しているのは，地域どうしの接触に起因するものであることは間違いなく，外的変化である．活用のような語

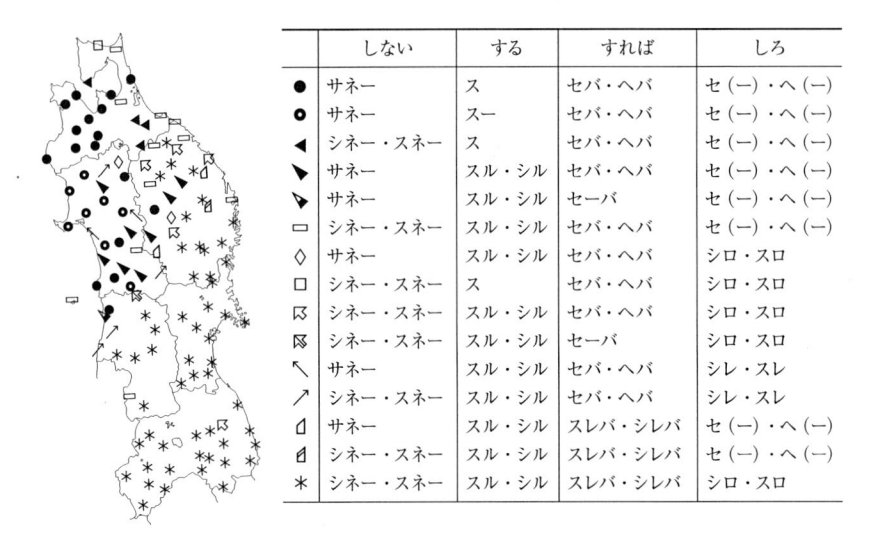

	しない	する	すれば	しろ
●	サネー	ス	セバ・ヘバ	セ(ー)・ヘ(ー)
◉	サネー	スー	セバ・ヘバ	セ(ー)・ヘ(ー)
◀	シネー・スネー	ス	セバ・ヘバ	セ(ー)・ヘ(ー)
▶	サネー	スル・シル	セバ・ヘバ	セ(ー)・ヘ(ー)
⊿	サネー	スル・シル	セーバ	セ(ー)・ヘ(ー)
□	シネー・スネー	スル・シル	セバ・ヘバ	セ(ー)・ヘ(ー)
◇	サネー	スル・シル	セバ・ヘバ	シロ・スロ
⬜	シネー・スネー	ス	セバ・ヘバ	シロ・スロ
⌧	シネー・スネー	スル・シル	セバ・ヘバ	シロ・スロ
⌦	シネー・スネー	スル・シル	セーバ	シロ・スロ
↖	サネー	スル・シル	セバ・ヘバ	シレ・スレ
↗	シネー・スネー	スル・シル	セバ・ヘバ	シレ・スレ
⌀	サネー	スル・シル	スレバ・シレバ	セ(ー)・ヘ(ー)
⌀	シネー・スネー	スル・シル	スレバ・シレバ	セ(ー)・ヘ(ー)
＊	シネー・スネー	スル・シル	スレバ・シレバ	シロ・スロ

図4.11 東北におけるサ変動詞「する」の活用と分布

形変化の起源については，さまざまな説があるが，単に内的変化でのみ，それをとらえることはできないことを，これらの方言分布は意味する（大西 2008）．とりわけ，混在型の変格活用のようなものの形成に関しては，地域間の接触も考慮することが求められることをおおいに示唆する．

8. 東 西 対 立

(1) 明瞭な対立

東と西のことばに大きな違いがあることはかなり古くから意識されていた（徳川 1981）．そこに明確な境界線が存在することを示したのは明治時代の国語調査委員会の大きな成果であった（国語調査委員会 1906a, b）．

典型的な例は，動詞の否定辞が知られる．図4.12には，国語調査委員会の調査の約80年後に調査された『方言文法全国地図』のデータをもとに分布を示した．東日本のナイと西日本のン・(ヘ)ンの境界線が，はっきりと現れている．このように東と西で明瞭な異なりを見せる分布は東西対立と呼ばれる．

8. 東 西 対 立

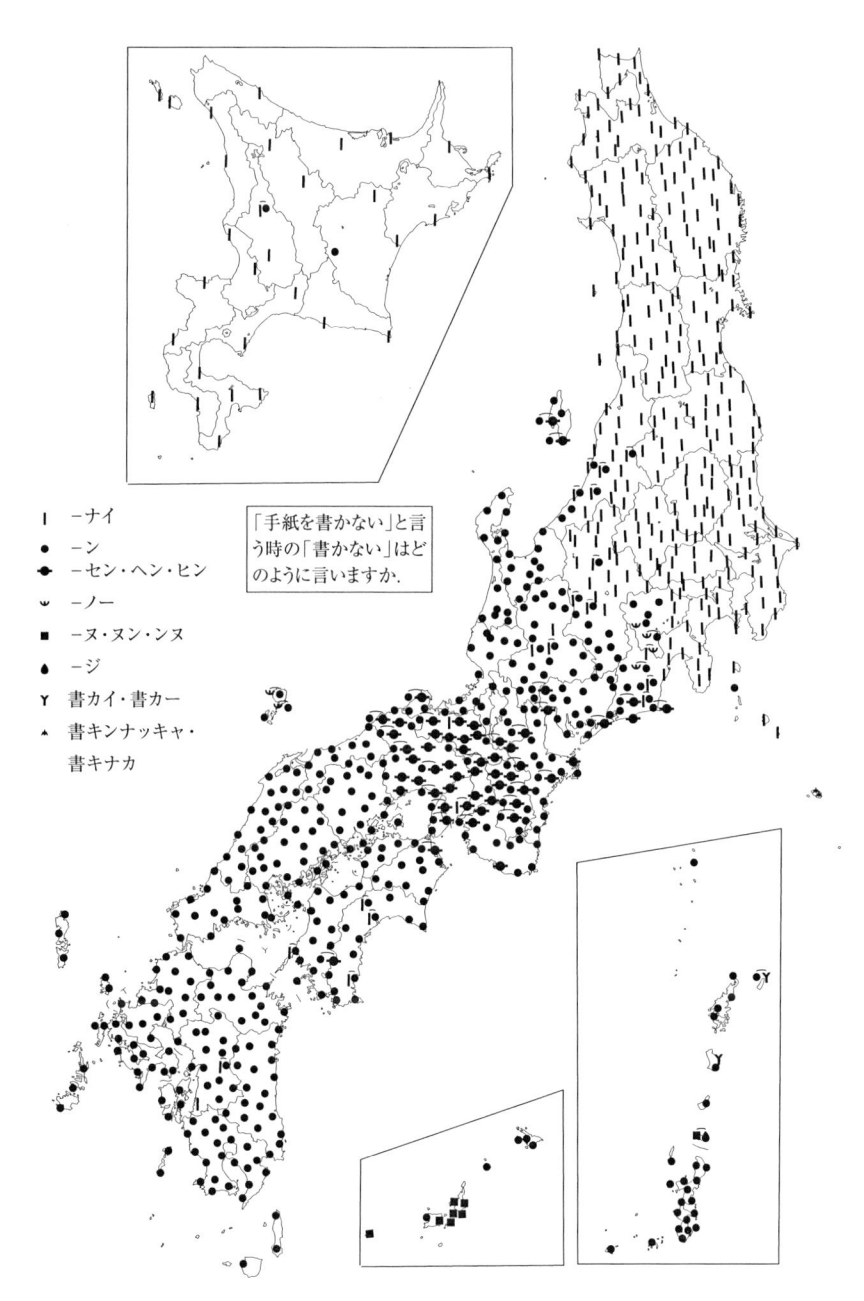

| −ナイ
● −ン
◆ −セン・ヘン・ヒン
ツ −ノー
■ −ヌ・ヌン・ンヌ
▲ −ジ
Y 書カイ・書カー
▲ 書キンナッキャ・
　書キナカ

「手紙を書かない」と言う時の「書かない」はどのように言いますか.

図4.12　動詞否定辞「(書か) ない」の分布 (『方言文法全国地図』第2集80図より)

(2) 東西対立のなぞ

　東西対立は，動詞否定辞の例も示すように，きわめて明瞭な分布を示す．境界線に入り乱れが少なく，境界線を越えた飛び地のような分布が見られることも少ない．図4.13も同様で，形容詞の連用形「高く」に対して，タカク（またその整合化形式のタケク）を用いる地域と，音便形と呼ばれるタコー（タカー・タカも含む）を用いる地域とが，きれいに対立する．また，図4.12と較べると，境界線の位置がよく似ていることも分かる．

　東西対立は，このように分布の形状が明瞭であり，古くから知られるとともに，一般的な知識としても理解されている．ところで，問題はどうしてこのような分布が存在するかである．

　東西対立に対して，周圏論は適用できない．東や西の辺境で相互に共通する形が見られたり，辺境にのみナイヤンあるいはタカクやタコーが存在するというような分布ではないからだ．

　実は，いくつかの説はあるものの，いまだ定説はない．非常に有名な分布でありながら，東西対立はその成立過程が解明されていないのである．

(3) 単調な東側・複雑な西側

　しかし，いくつかの手がかりがないわけではない．その一つは，東西が対立しながらも東側にはあまり複雑な分布が見られず，西側に複雑な分布が見られるものが少なからず存在するということである．図4.2に戻って見てほしい．「(行か)なかった」のような，動詞否定辞の過去形の分布図である．

　東側には，ナカッタ・ネカッタなどが見られるが，おおむね単調であり，あまり語形が入り乱れない．さらにこのネカッタは，先に水準化（前章3節）として扱ったもの（タケカッタなど）に平行して考えられるので，ナカッタをもとにする同系統の形である．

　一方，西側には，九州のンジャッタやンナッタ，中国のザッタ，近畿から中部にかけてのナンダ，近畿のンダなどが見られ，東に較べてはるかに分布が複雑である．

　これは，隣接伝播モデルによる配列性理論の周圏論に従いながら，それを応用する形で考えるなら，次のように説明できそうである．西日本には中心地の

8. 東西対立

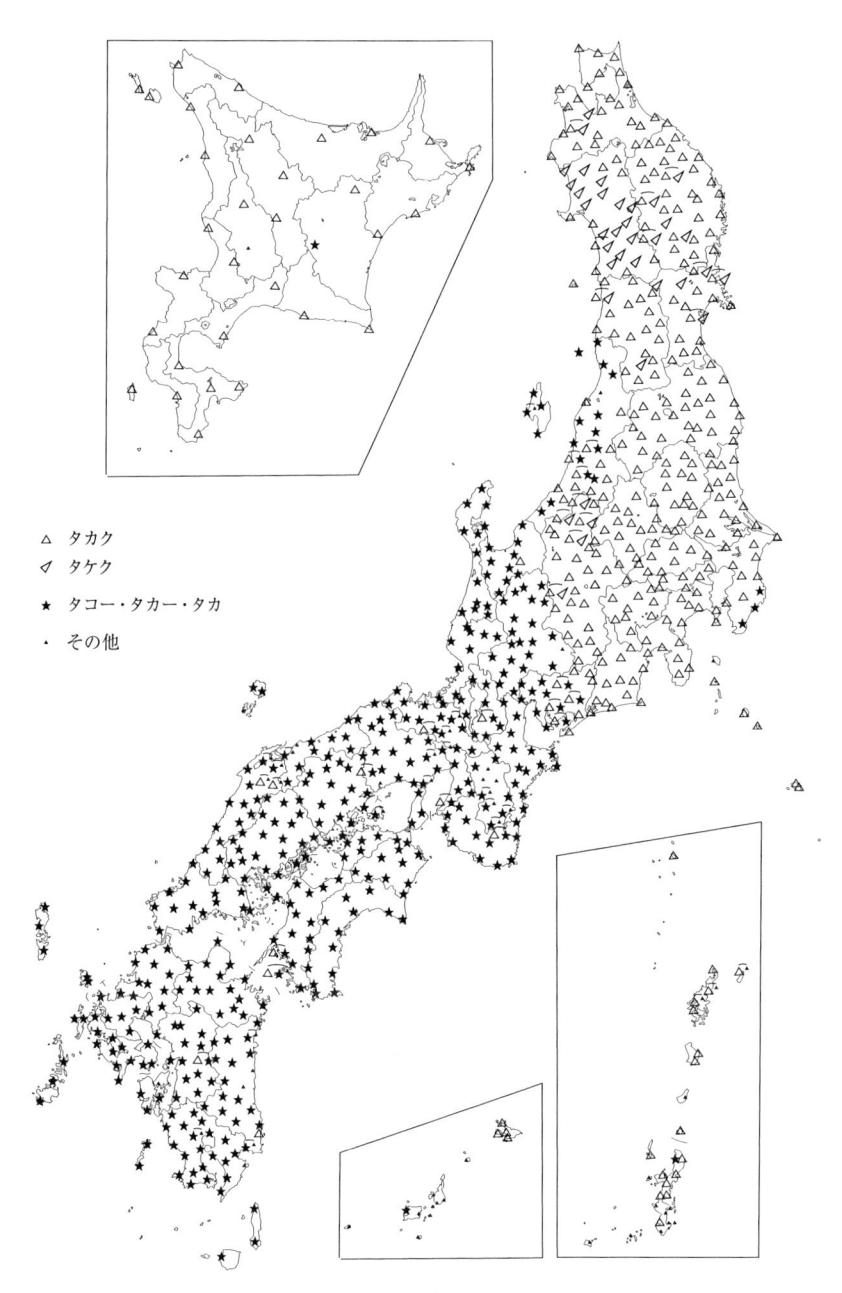

△ タカク
◁ タケク
★ タコー・タカー・タカ
・ その他

図 4.13 形容詞の連用形「高く（ない）」(『方言文法全国地図』第 3 集 137 図より)

畿内からさまざまな語形が順次放射され，それが西日本の分布に反映されるが，東日本ではこれらの語形は受け入れられずに，境界線で止まった（大西 1999, 2002）．

　これを地域間の関係性に基づいて考えるなら，次のようなことが背景にあることを示しているように思われる．すなわち，西は比較的大規模でありながらも一定の範囲で区切られたコミュニティーを形成するのに対し，東は広域にわたってそのような区切りが不明瞭な一様性を示し，同時に西との交流を持たない．

　いずれの方向から見ても，東西の間に断絶があることに変わりはない．つまり，徐々にことばが伝わっていくと考えても，隣接関係をいったん切り離して地域間の関係性をもとに考えても，東と西の間に交流がないことを，東西対立は提示しているのである．

　この交流のなさは，何なのか．あるいはこれは，かなり根深いところに成因があることを示唆するのかもしれない．前章で，方言の成因の一つとして，異言語の方言化を考えたが，もしかしたら，それに基づくもので，現在の状況から見るなら，完全な異言語とまでは言えないにしても，同系統でありながら，異言語に属していた東日本と西日本の異なりを，今にあっても，垣間見せる痕跡が東西対立なのかもしれないのである．

■引用文献

井上史雄（2003）『日本語は年速一キロで動く』講談社現代新書
大西拓一郎（1999）「新しい方言と古い方言の全国分布――ナンダ・ナカッタなど打消過去の表現をめぐって」『日本語学』18巻13号
大西拓一郎（2002）「全国方言の分布」北原保雄監修，江端義夫編『朝倉日本語講座10　方言』朝倉書店
大西拓一郎（2004）「動詞「する」の東北方言における分布と解釈」『国語学研究』43号
大西拓一郎（2008）「方言文法と分布」『日本語文法』8巻1号
岡部篤行（2001）『空間情報科学の挑戦』岩波書店，p.53
国語調査委員会（1906a）『口語法調査報告書』
国語調査委員会（1906b）『口語法分布図』
国立国語研究所（1966〜1974）『日本言語地図』（全6巻）大蔵省印刷局
国立国語研究所（1989〜2006）『方言文法全国地図』（全6巻）大蔵省印刷局・財務省印刷局・

国立印刷局
小林　隆（2004）『方言学的日本語史の方法』ひつじ書房
迫野虔徳（1998）「九州方言の動詞の活用」『語文研究』85 号
佐藤亮一（1979）「方言の分布」徳川宗賢編『日本の方言地図』中公新書
佐藤亮一（1986）「方言の語彙──全国分布の類型とその成因──」『講座方言学 1　方言概説』
　国書刊行会
佐藤亮一監修（2002）『方言の地図帳』小学館
柴田　武（1969）『言語地理学の方法』筑摩書房
鈴木厚志（2005）「地理情報の取得とデータベース」村山祐司編『シリーズ人文地理学 1　地
　理情報システム』朝倉書店，p.65
徳川宗賢（1981）『日本語の世界 8　言葉・西と東』中央公論社
徳川宗賢（1993）『方言地理学の展開』ひつじ書房，pp.391-412
徳川宗賢（1996）「語の地理的伝播速度」『言語学林 1995-1996』三省堂
柳田國男（1930）『蝸牛考』刀江書院；岩波文庫（1980）

第5章
地理情報としての方言

1. 方言に関する情報のありかた

　本書の冒頭に次のような例を挙げた．
　　大阪の方言にはナンデヤネン（なぜなのか）という言い方がある．
また，前章では，動詞の否定辞過去形に関して，次のような例を挙げた．
　　イカナンダ：近畿・中部・中国・四国・北陸地方
これをやや細かくして，次のように提示したりもした．
　　―ナンダ　　富山県西礪波郡福岡町福岡
　　―ナンダ　　岐阜県大野郡白川村鳩谷
　　―ナンダ　　福井県丹生郡越廼村蒲生
　　―ナンダ　　大阪府豊能郡能勢町吉野
　　―ナンダ　　岡山県苫田郡上齋原村本村
　　―ナンダ　　愛媛県西宇和郡伊方町湊浦
　方言に関する情報は，書き表すなら，さまざまに記すことができるが，いずれの場合であっても，ことばに関する情報，つまり，言語情報と，それが使われる場所に関する情報，つまり，空間情報が組み合わさっていることに変わりはない．
　すなわち，方言についての情報は，「何をどのようにどこで言う」という構造が不可欠なのである．この場合の「何をどのように」というのは言語情報であり，「どこで」にあたるのが空間情報である．

一般の言語情報と，方言に関する情報の異なりは，方言情報には必ず空間情報がともなうという点にある．その際の空間情報のありかたには，「近畿地方」や「大阪府」といったかなり広域の情報から，「大阪府豊能郡能勢町吉野」のように細かく限定したものまで幅がある．いずれにせよ，空間上の場所を指定しようとしている点では共通している．

2. 地理情報

(1) 空間情報の形式

　「大阪府」と言った場合の空間情報は，かなり広域である．しかし，それはけっしてあいまいではない．大阪府の領域ははっきりしていて，地図で表せば，一定の線で囲むことができる「面」である．

　「大阪府豊能郡能勢町吉野」というと，かなり細かい．ある特定の場所であると考えるなら，地図の上では「点」になる．

　それでは，川や道路を地図上に描くならどのように表せるだろうか．これらは「線」で描くのが一般的だろう．

　空間情報の形式の基本は，以上の面と点と線である．

　このうち，点は，「大阪府豊能郡能勢町吉野」のように地名でも表せるが，どこか特定の場所を基準にすれば，数字でも表すことができる．そしてこの場合は，方向も加えることが必要になる．例えば，自宅を基準にして，東に200メートル，南に500メートルといったように表す．しかし，これでは誰もが使える基準にならないことは明らかである．誰もが使える基準としては，経度・緯度というものが用意されている．東経○○度，北緯××度と言えば，世界中の誰でも，同じ場所を指すことができる．

　これを応用すれば，線や面も数値で表現できることになる．線であれば，点のつながりと見ながら，そこに線の向かう方向を数値化すればよい．面であれば，そのような線に囲まれたものとして扱えば，同様に数値化できる．

　点の数値化（経度・緯度による指定）ができれば，方言に関する情報も例えば次のように表すことが可能である．これは，否定過去の形式としてナンダが報告された場所，つまり点を経度・緯度で表現したものである．

否定過去形式	経度（東経）	緯度（北緯）
―ナンダ	136.93523	36.70864
―ナンダ	136.90199	36.26700
―ナンダ	136.01553	36.03417
―ナンダ	135.10184	35.71350
―ナンダ	137.91147	36.79597
―ナンダ	138.36961	35.82706
―ナンダ	131.72208	34.46597
―ナンダ	134.32631	35.58692
―ナンダ	134.49000	35.55336
―ナンダ	133.86964	35.28636

(2) さまざまな地理情報

　方言に関する情報は，言語情報と空間情報の組み合わせからなる．このような空間情報とそれ以外の情報を組み合わせた情報は，地理情報と呼ばれる．この点で，方言情報は，地理情報の一種であることになる．

　地理情報には，さまざまなものがある．店の位置，学校の位置など点で表せるものは，「―ナンダ」と同じように経度・緯度で表せる．そこには，その場所の標高（海抜）や，年間降水量などを追加することもできる．学区のような学校の通学区域といったものは，面である．市町村の範囲なども面であり，この面に対して，人口や人口密度などを加えることもできる．道路や川は線である．これらはどこかからどこかにつながっていて，国道17号線や荒川といったように名前が与えられていたりする．川なら流れる方向，道路なら交通量を合わせて情報化できる．いずれも空間情報をもとにしながら，市町村名や人口密度，川の名前などが組み合わさったものであり，地理情報である．

3. 地理情報システム

　以上のように考えるなら，普遍的な性格を持つ経度・緯度のような空間情報を基準として，さまざまな地理情報をまとめて扱うことが可能であると想定さ

れる．しかも，空間情報は，経度・緯度に代表されるように，数値化できる．

空間情報が数値化可能なら，空間情報を基準とする地理情報は，コンピュータ上で処理できる．これを実現化したのが，地理情報システム（GIS：geographical information systems）と呼ばれるものである．

GIS というとちょっととっつきにくい．しかし，その技術は身近なところで広く応用されている（矢野 1999）．例えば，自動車を運転する際に道順などの情報を与えてくれるカーナビは，通信衛星を利用した GPS（global positioning system）の技術を GIS に組み込んだものである．コンビニエンスストアなどの出店計画を立てるにあたっては，GIS による分析が欠かせない．水道管やガス管などいわゆるライフラインの多くも GIS で管理されている．知人と会う約束をした居酒屋の場所をインターネットで検索することがあろう．ここでも GIS がバックグラウンドで働いている．このように GIS は，あまり意識されないところで利用され，すでに日常生活に欠かせない技術となっている．

4. 方言情報と言語外地理情報

(1) 方言情報と地理情報

以上で明らかなように，方言情報は地理情報の一種であり，その地理情報にはさまざまな種類のものが存在する．一方で，ことばに関わる情報を言語情報として考えるなら，方言情報は，地理情報であると同時に言語情報であり，その他の，例えば人口や標高に関する情報は言語外のことを扱う地理情報である．

方言を研究する立場から見た場合に興味深いのは，方言情報と言語外の情報を共通して持つ地理情報という性質で結びつけて考察できるということである．

これまで挙げてきたいくつかの言語地図をもう一度ながめてみよう．ここで見ることのできる分布は，どのあたりにどの語形が存在しているかということにとどまる．確かにそれ自体，興味深いことではあるが，それらの分布の背景にどのような現実世界が存在しているかを把握することは，思いのほか難しい．

県の境界や海岸線との関係までは，これらの地図からもとらえられるだろう．さらに東京や大阪，あるいは首都圏，関西圏といった大都市圏までは，ある程

度常識の範囲で想像できそうである．

　しかし，大都市圏といっても，そこにはおのずと領域の縁(へり)があるはずだが，そこまで指摘できる人は少ないはずだ．実際のところ，縁など考え方しだいであり，言語地図を言語情報のみで見る限りにおいては，見る人の主観で左右されてしまう．

　このように言語地図のみをもとに，言語外の地理情報を扱うというのは，読図者の記憶や主観に依存せざるをえない．読図者に何らかの勘違いや思い違いがあれば，すべて，それに左右されてしまうわけである．

　言語地図の隣に一般の地形図や地勢図などを置いて，見くらべながら比較したとしても，相互に重ね合わせるのは頭の中の世界である．また，人口や標高のように数値的段階をともないながら無数に近い情報を含む言語外情報と，方言分布とを正確に重ねて理解するのは至難の業であり，それはある種の特殊技能と言ってもよいだろう．反対に言えば，特殊技能を身につけるまでは，実行できない分析手法になってしまうし，検証のための追試など受け付けない方法であるために，とても科学的とは言えない．

(2) 方言情報と標高

　話はさかのぼるが，図 4.12, 4.13 を見てほしい．ともに東西対立と言われる分布を示す言語地図である．図 4.12 が扱う動詞の否定辞は，東日本ナイ／西日本ンで東西に分かれる．図 4.13 が扱う形容詞の連用形は，東日本タカク／西日本タコーでこれも東西に分かれる．

　ところで，これら東西対立の境界線に注目してほしい．前章でも述べたように，境界線はかなり明瞭である．同時に，このような東西対立の境界線は，以前から，高い山並み，具体的には日本アルプスの位置に類似することが指摘されていた．

　この指摘は，それなりの確からしさをもって目に映る．しかしもう一度，図 4.12, 4.13 を見てみよう．山並みは見えるだろうか．そこに見えるのは，あくまでも方言の分布である．山並みの情報は，ここには示されていないのだから，山など見えるはずがない．

　このような複数の地理情報（ここでは方言分布と山並み）を重ね合わせて分

析しようという時に大きな力を発揮するのが，GIS である．

山並みは，対象とする地域の標高の情報をもとにして，もっとも高いところからもっとも低いところの高さの数値を適当に区分けし，色の異なりや色の濃さなどで区分けすれば，把握することができる．図 5.1 では，中部地方を中心に標高を色の濃さで表示した．塗りつぶしの黒さが濃いところほど標高が高い．

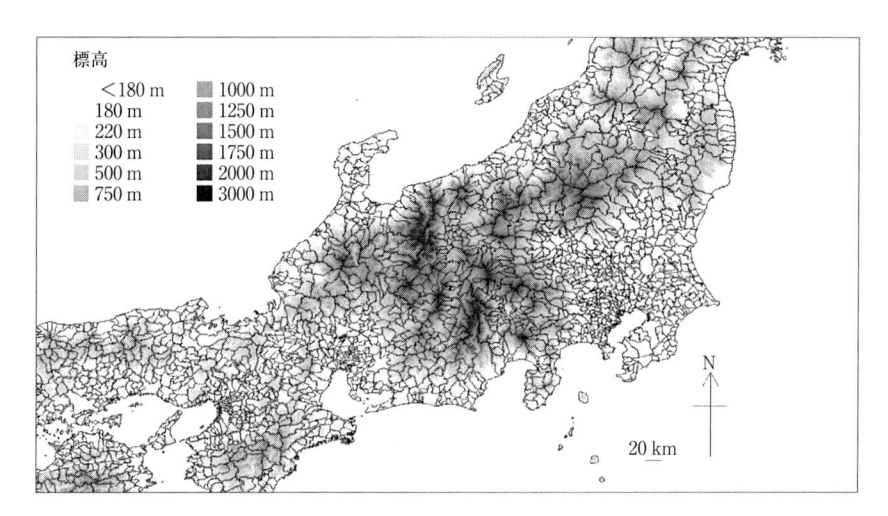

図 5.1 中部地方の標高

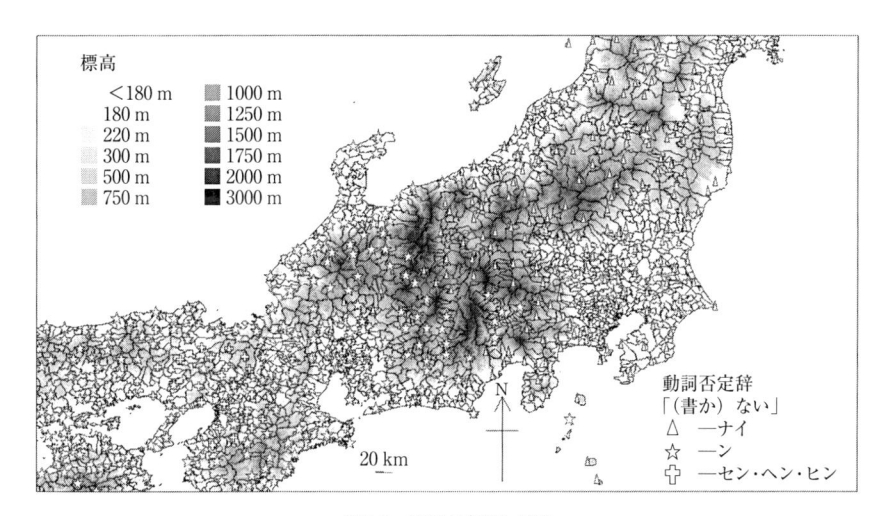

図 5.2 動詞否定辞と標高

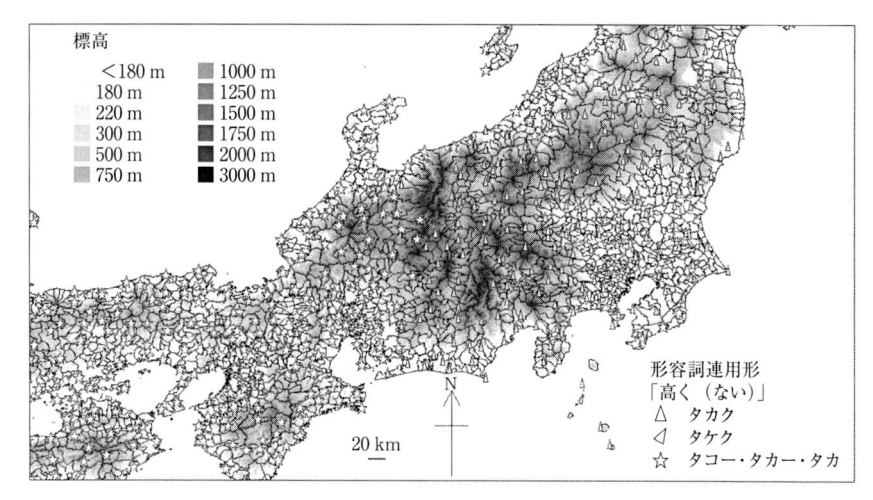

図 5.3 形容詞連用形と標高

富山・岐阜・長野・山梨・静岡にかけての日本アルプスの様子が把握できる．

ここに動詞否定辞の情報を重ね合わせたのが図 5.2 である．また，図 5.3 は，形容詞連用形の情報を重ね合わせたものである．

図 4.12 と図 5.2，また，図 4.13 と図 5.3 で用いた方言に関する分布情報は同じものである．しかし，このようにして言語外の地理情報と重ね合わせて描くことで得られる情報は，格段に豊富なものとなる．

(3) 鉄道情報を加える

さらに，交通関係の情報を追加することもできる．図 5.4 は，図 5.2 に対し，鉄道の情報を追加してみた（ただし，見やすさに配慮して，市区町村境界を省いた）．交通路（鉄道）と方言の分布の関係もここから把握することができるようになった．

図 5.4 をもとにすれば，以下のようなことが分かる．

動詞否定辞にみる東西対立の境界線は，北アルプス（飛驒山脈）の東側，JR 大糸線の走る谷間，そして，中央アルプス（木曾山脈）と南アルプス（赤石山脈）に挟まれた伊那谷におおむね一致している．言い換えるなら，北アルプス・中央アルプスが西側の領域の東端ということになる．さらに沿岸部に注

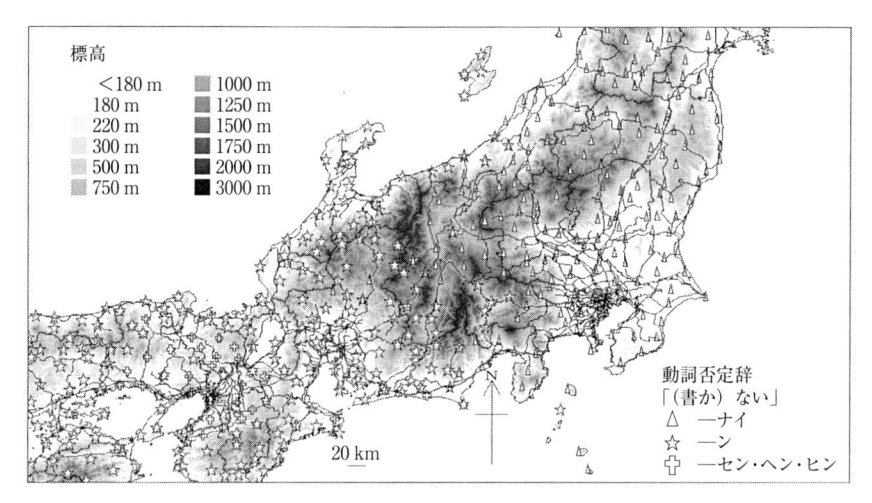

図 5.4 動詞否定辞と標高と鉄道

目するなら，伊那谷に太平洋沿岸からの連続した分布が見られるとともに甲府盆地にも西の形（ン）の分布が入り込んでいる．また，日本海側では，北アルプスが日本海に落ち込んだ所の沿岸の狭い低地，いわゆる親不知を通過して，西のンが新潟に入り込んでいる．

　方言情報も含め，複数の地理情報を重ね合わせる形での地図描画は，手作業でもできなくはない．しかし，それには多大な時間と手間を要する．図 5.1 などのような標高図を作成するには，標高の塗りつぶしの区分値（レンジ）を決定しなければならない．GIS ではこれを適宜変更しながら適切なレンジを設定することができる．もしこれを手作業で行うとなると，レンジを変更するたびに，全面的な書き直しが必要となる．その上に鉄道路線や方言情報を重ねて書き込むことになるが，重ね合わせる線路や方言分布の書き込みを誤ると，下図の標高の塗りつぶしも修正する必要が生じる．修正を繰り返すと，汚くなるだけではなく，しだいに誤差が生じてくることは避けられない．

　GIS を利用すれば，そのような手間や時間を大幅に短縮できる．同時に手作業とは違い，正確な描画が可能である．また，図 4.12，5.2，5.4 のように，同じデータを基盤とする複数の地図も正確に描くことができる．このように，GIS は，正確さと再現性，また省時間化において，言語外地理情報と方言地理

情報の関係を分析するための強力なツールなのである．

(4) 標高をもとに立体図を描く

図 5.2, 5.3 に戻ってみよう．太平洋側を見るなら，図 5.2 では西のンがかなり東側に入り込んでいるのに対し，図 5.3 では西のタコーはそれほど東に広がっていない．この点を除けば，両者はよく類似している．

しかし，よく見ると，その他の細かな点で注意したいことがある．それは，実は図 4.12, 4.13 の言語地図だけでも分かることなのであるが，図 4.12 では，東のナイが，境界線のわずかに西側の岐阜にいくつか孤立して見えることである．

動詞否定辞のナイというのは，共通語形である．「書かない」「しない」「見ない」「起きない」のように共通語では動詞の否定を表すのにナイという接辞（助動詞）を用いる．方言の調査において，共通語形が回答されることは珍しくない．当地の方言形を得ようとしているのに，何らかの条件が作用して，共通語の形が回答されたり報告されたりすることがある．それは，単純な誤解によることもあれば，使用場面を比較的フォーマルなところに想定してしまうようなことによることもありえる．

しかし，一般的に言って，調査項目として，類似の言語的設定が繰り返された場合に，共通語形が再々現れることは少ない．さらに，比較的近隣の地域でそれが同じように再現されることはまれである．

実は，岐阜で数地点現れる動詞否定辞のナイは，『方言文法全国地図』の動詞否定形の複数の項目で現れる上に，比較的近隣で同じような現象が見られている．

共通語形の現れやすい条件として，ほかに考えられるのは，共通語化が進んでいる可能性である．方言形式が広く用いられる地域の内部であっても，都市部では共通語化が進んでいることはある．地方に旅行に行っても，市街地ではその地方の方言を耳にしないということを少なからず経験するものである．例えば，政令指定都市である仙台市の中心部で昔ながらの東北方言を耳にすることは難しそうだ．

そこで，岐阜のナイが用いられている地域がどのような場所なのかをまずは

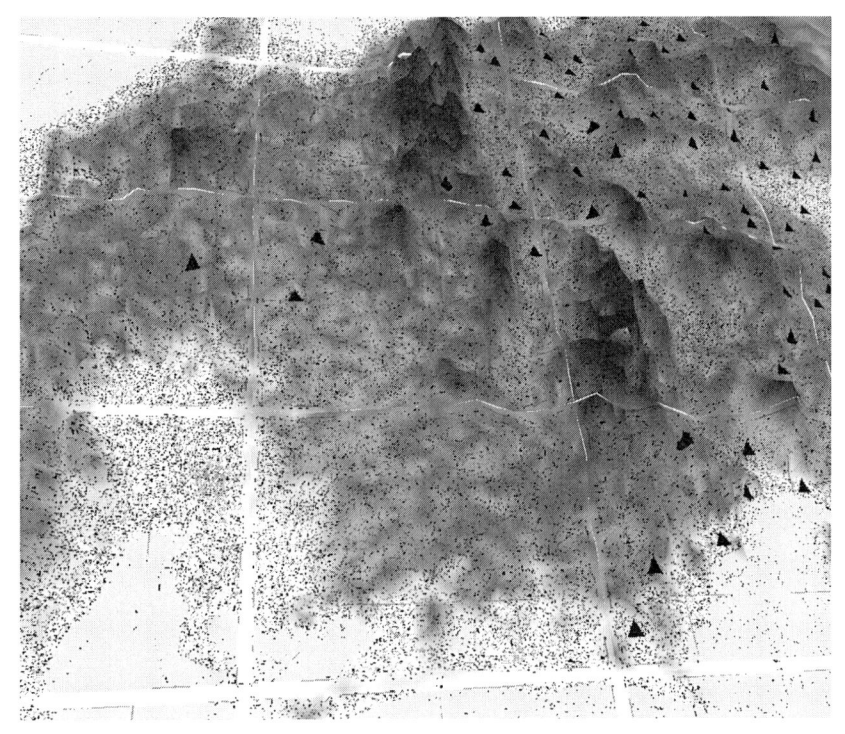

図 5.5 岐阜近辺の立体図とナイの分布
ゆがんだ▲がナイの使用地点.

地形から見てみたい.

　GISでは，標高データをもとにして立体的に地形を表示することができる．図5.5は，岐阜のナイが使われるあたりを立体化して描き，ナイが使われる場所も表示している．

　この図の左下のあたりが，岐阜市の市街地にあたる．ナイが用いられている場所は，そこからかなり離れている．それどころか，谷間の奥や谷からさらに山間部に入り込んだような地形の場所でナイが用いられていることが分かる．地形から判断する限り，ナイは，明らかに非都市部に見られることになる．

(5) 方言情報と人口密度

さらに岐阜のナイを追究してみよう．ここまでは都市部かどうかを地形から

見てみた．しかし，厳密には，地形のみでは都市部かどうかは判断できない．都市部であることを明確に判断できるデータは人口である．

ただし，人口というデータは，取り扱いに注意が必要である．これは，地理学の入門的知識としてよく知られることであるが，対象とする地域の面積が広ければ，それに応じて人口は多くなる．例えば，都道府県のような広域を対象にすると，北海道は全国で7番目に人口が多い．したがって，都市部かどうかの判断においては，単位面積あたりの人口で検討することが求められる．すなわち，人口密度である．1平方キロメートルのような単位面積あたりの人口が多いほど，つまり人口が過密な地域ほど，都市的であると考えてよいだろう．図5.6では，市町村ごとの人口密度とナイの分布を重ね合わせた．明らかに岐阜のナイは人口密度の低い地域に存在している．

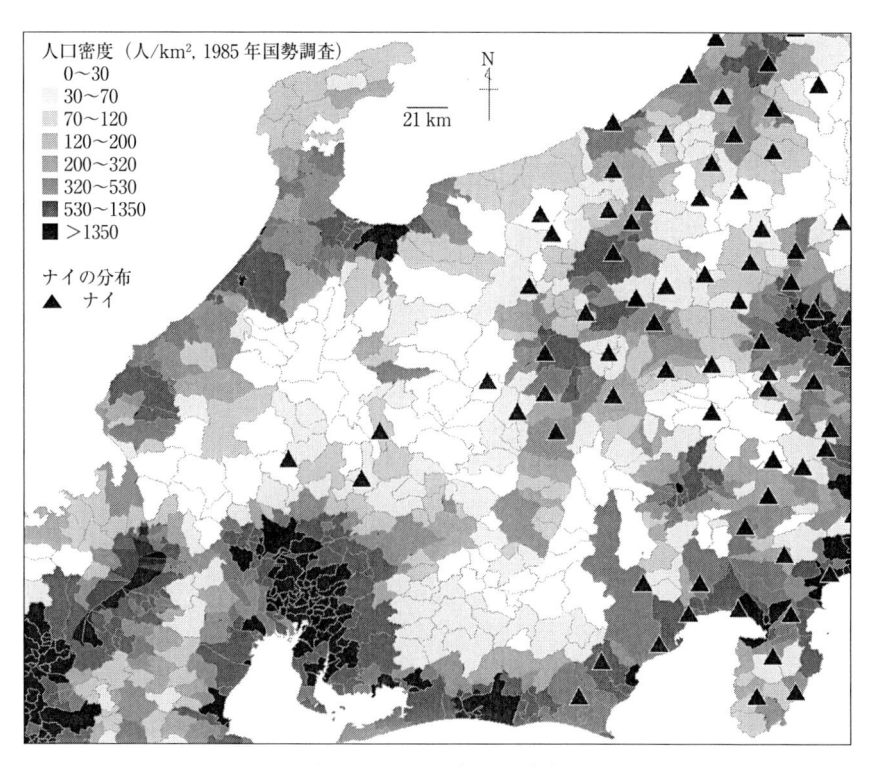

図5.6 ナイの分布と人口密度

この図から，岐阜におけるナイが用いられている地域は都市部ではないことが明らかとなった．これらの状況から判断して，おそらくこのナイは共通語化による使用ではない．

ここではこれ以上立ち入らないが，ある程度固定的に使用される東日本のナイが，境界線の西側に周囲から孤立した形で，それも不便な非都市部に見いだされるということが GIS の利用により確認された．このことは，東西対立の形成を考える上で，明らかに重要な鍵を与えている（大西 2007b）．

5. 隣接伝播モデルのパラドクス

(1) ことばの伝播

ここで，今一度，隣接伝播モデルについて考えてみたい．隣接伝播モデルは，文化的中心地を軸に，時間と空間的距離を対応させる．ことばが中心地から隣へ隣へと徐々に伝わり，中心地で変化が生じた場合，その時間的配列順序が，空間上の配列に対応すると考える．そこから，見方を転じて，空間上の配列を時間的配列に還元することを求める．それゆえに配列性理論とここでは呼んだ．隣接伝播モデルに基づく配列性理論は，しばしば図 5.7 のようにその基本的考え方が表現される．

ここで立ち止まって考えたいことがある．それは，果たして，そんなにうまく順序よく，中央からすみずみにわたって，中心地のことばが周辺に向かって

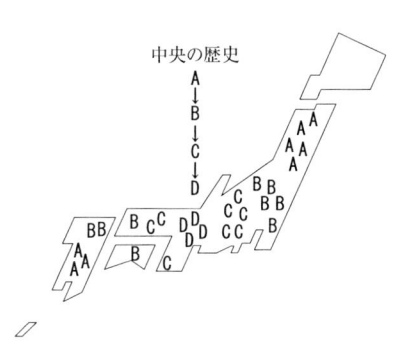

図 5.7　配列性理論

伝わっていくのかということである．

　確かに，伝えること自体が通信的目的を持ち，広げることに対して強制的な力が働けば，伝言ゲームのように，放射・拡散していくことはあるだろう．そしてその時に，微妙な差異が生じていく面白さもあるかもしれない．しかし，ここで対象としているのは，日常的言語であり，そのような強制的な通信のことではない．それにもかかわらず，隣接伝播モデルは，新しいことばが順次に中央で生まれたら，その順序を守りながら，地方に伝わると考えるわけで，これはあまりに人間が使う言語という現実から，かけはなれた話に思えないだろうか．

　隣接伝播モデルでは，順次生じる変化の分布への反映を「波紋」にたとえることがある．とても分かりやすいし，その点での魅力はおおいにある．しかし，これはあくまでも比喩である．波紋のような物理的事態を複雑な人間世界にそのまま適用してよいものだろうか．ややきつい言い方になってしまうかもしれないが，柳田以降に継承された方言周圏論は，比喩をまともに理論化してしまったきらいはないだろうか．

(2) 伝播の方向

　波紋状の拡散という考え方について，さらに検討してみよう．文化水準が中央から周辺部に向かって徐々に下がっていくという構造が認められれば，あるいは文化的中央を発祥地とした隣接分布モデルは成立するかもしれない．これは，図 5.8 に模式化したような地理空間上の構造が成立することが前提になるはずである．中央の文化水準が頂点をなし，中央からの距離に応じて下がっていく．文化水準の高いところから低いところへとことばは伝わるから，中央から A にまず伝わり，次に A からより水準の低い B に伝わり，次に B からさらに文化水準が低い C に伝わるというものである．

　隣接伝播モデルは，文化の高いところから低いところへという方向性で伝播を考える．すると，図 5.9 のように途中に中央より離れたところに B のような A より水準の高いところがあったら B から先には伝わらないことになる．いやそれどころか，A は B からの伝播も考えなければならない．そして，現実にはこのようなことが，いくらでもあるはずだ．実際，小地域の言語地図を見

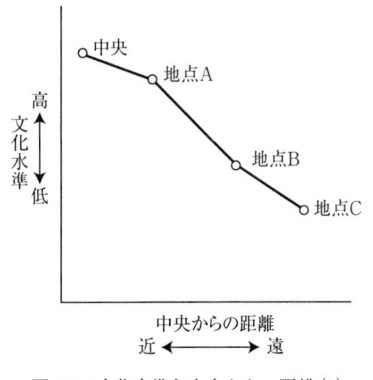

図 5.8 文化水準と中央からの距離 (1) 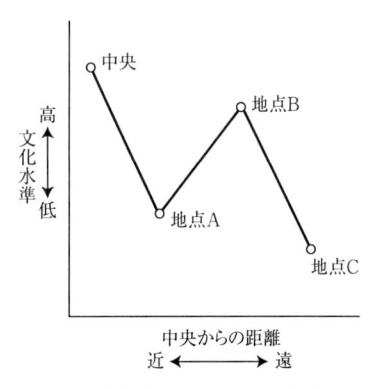　　**図 5.9** 文化水準と中央からの距離 (2)

ても，複数の中心地がそこに含まれていることは，けっして少なくない．

　文化水準といわれるものを定量化して判断することは難しい．しかし，おそらく，地域の規模や都市性にある程度は平行するものだろう．先に，岐阜に孤立する否定辞ナイを考察するにあたり，地域の都市性を人口密度で検討した．そこで文化を人口密度に基づく都市性で置き換えて考えてみることにしよう．同時に，ことばの伝播も人間の交流が基盤となるのだから，その交流は，主要な交通路である鉄道で支えられると想定してみる．

　そうすると鉄道沿いに人口密度を見れば，実際のところどのように都市性（文化水準）が配列しているかを具体的に把握できると考えられる．図 5.10 は，西日本の人口密度分布に，基幹となる鉄道の山陽本線を重ねた地図である．上半分は西日本を中心とした鉄道網と市区町村別人口密度，下半分は山陽本線沿いの市区町村と人口密度を示している．

　この図からも読み取れるように，歴史的中央としての近畿から西に向けてのきれいな人口密度の連続的漸減傾斜など認められない．この事実は，隣接伝播モデルが現実世界に向かう際のパラドクスを提示している．

(3) 威光という情報

　あるいは，ことばは文化的威光をともないながら，中央から放射され拡散するという考えもあるかもしれない．確かに，中央から直接特定地点に伝わった

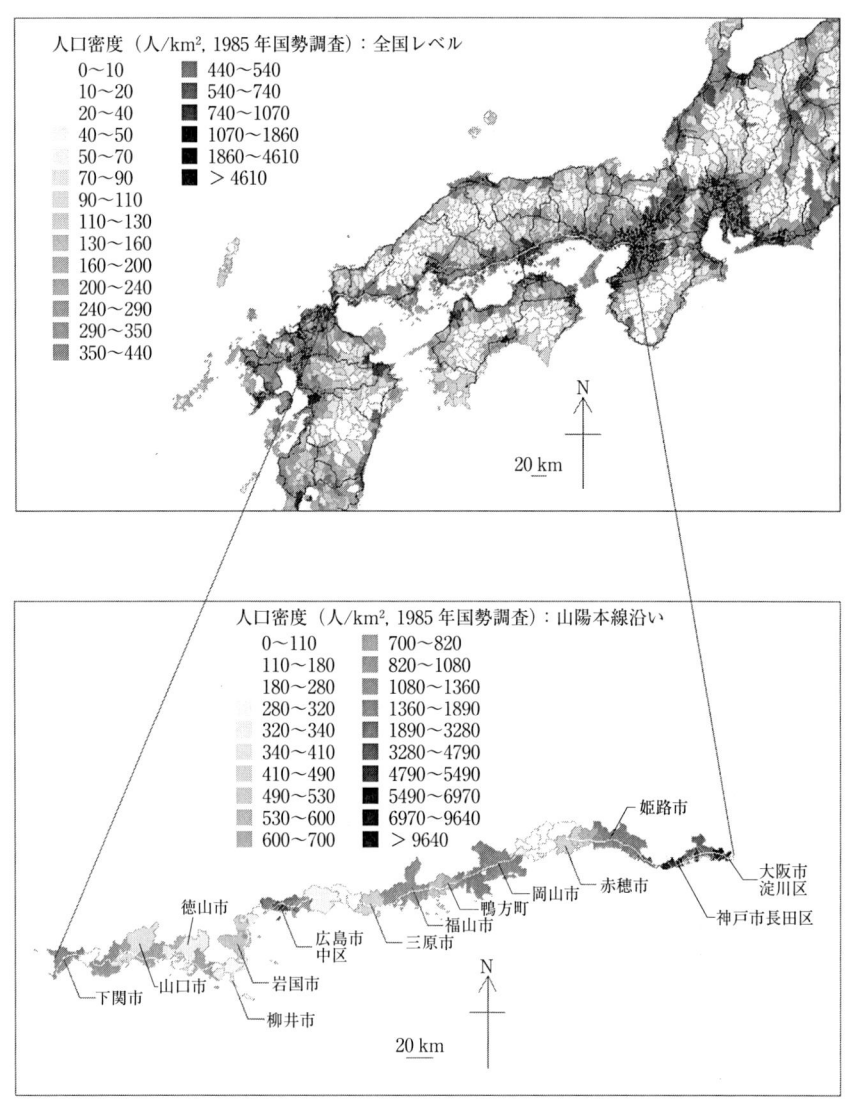

図5.10 人口密度と鉄道
黒い太線：鉄道（山陽本線を除く），白い太線：山陽本線．

場合にはそれは有効である．例えば，芸能とともに伝わったり旅先から持ち帰られたことばには，そのようなレッテルが貼られることがあるだろう．現代で

あれば，有名人や著名人のことばがそれにあたろう．しかし，それは伝播ということで考えるなら，一次的な初期の段階においては有効だろうが，次の地点にも，そのまた次の地点にも「都のことば」のようなレッテル付きで伝わるものだろうか．

さらに言えば，放射の発信地による「威光」など，言語が持つもっとも重要な伝達機能にとっては，非常に希薄な情報である．そんな情報を常にまといつつ伝播が継続されるというのは，無理ではないだろうか．例えば，ウザイやウザッタイというのは，20世紀末期の関東で，年代の若い層で使用が拡大した「新方言」として知られるが，これがもとは東京西部や神奈川相模地方の伝統的方言だったという情報は，広がる際にともなっていなかった．この例が示すように，少なくとも，伝播における二次的段階以降では，出自の場所による色彩のようなものは，きわめて希薄になる．

図5.10で考えてみよう．大阪や神戸といった近畿中央部から兵庫西部の赤穂に，あることばが隣接伝播で伝わったとしよう．その段階では都近辺のことばとして威光をともなって伝わるかもしれない．しかし，赤穂からさらに西の岡山にそのことばが，同じように威光を持ちながら伝わるものだろうか．同じことばが，備州の岡山から安芸の広島に，そして周防から長州へと，都の威光というレッテル付きで伝わり続けるというのは，あまりに無理があると考えられないだろうか．

もちろん，第3章の末尾で触れたような，接触と受容の背景で働く心理的側面は考慮すべきであるが，それが永続的に受け継がれると想定するなら，疑問を抱かざるをえない．

6. 言語外地理情報に基づく分布形成へのアプローチ

(1) 接触の基盤となる関係性

分布の形成を考えるにあたり，接触というもっとも基本的な要因からアプローチする場合であっても，隣接伝播モデルの立脚した配列性理論のみでは十分ではなく，地域間の人的交流を基盤とした関係性に立ち返るべきことを前章で述べた．その点からするなら，言語外の地理情報として，そのような関係性

を扱うデータが存在すれば，これは十分に活用すべきものとなる．

ただし，方言研究の世界での GIS の活用は，まだ緒に就いたばかりであり，そこまでの応用には準備が不十分な段階にある．しかし，標高や人口データとの照合からも分かるように，言語外地理情報の活用という点で，しだいに新たな局面に接近しつつあることは理解されるであろう．その点で，現時点は，分布形成の研究が関係性ベースの手法に踏み込む一歩手前のところまで来ている．おそらく関係性の世界に踏み込むならば，方言研究の世界全体が，かなり大きな転換を迫られるであろうし，言語の世界だけでなく言語を取り巻く広い世界に広がりを見せることになるはずだ．

例えば，動詞否定辞の分布であるが，図5.2でも分かるように，甲府盆地にンがまとまっているものの，いわゆる飛び地的分布を見せる．

図5.11では，図5.2に富士川とその支流である笛吹川（東に分岐）ならびに釜無川（西に分岐）を実線で追加し（都道府県境は点線で表示），飛び地である甲府盆地を中心に，表示した．甲府盆地のンは河川でつながっていることが分かる．河川は，単なる水の流れではなく，大量に物資を輸送するための交通路として活用されてきた．しかも水路による交流は，途中集落を，連続性をもって徐々につなぐものではなく，上流域と下流域（沿岸部）を一気につなぐ性格を持つ．富士川は，内陸の甲府盆地と太平洋沿岸との間を結ぶ水路として

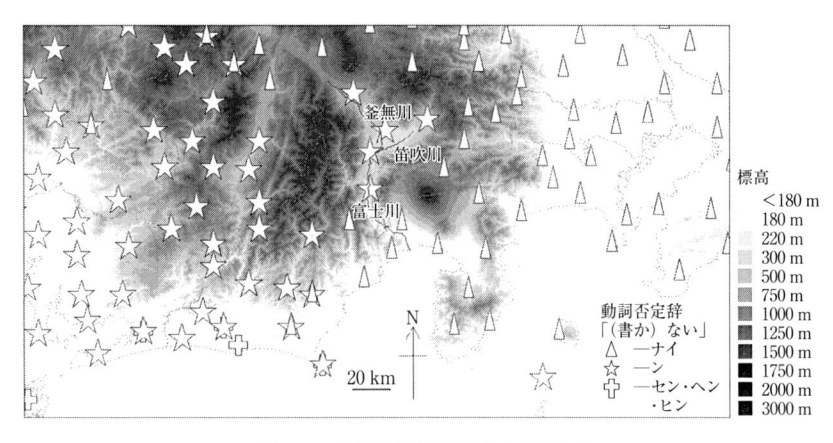

図 5.11 動詞否定辞と標高と富士川水系

大きな役割を果たしてきた（静岡新聞社 2007）．富士川の河口付近には現在ンは見られないが，ここには海路に続く陸路と河川交通とをつなぐ拠点となる河岸がかつて存在していたことが知られている（遠藤 1981）．海上交通を介して西から運ばれてきたンは（短い陸路を経た上で）さらに河川を通して，甲府盆地に水路による交流で持ち込まれた可能性がある．

(2) 言語の運用を支える地域社会の特性
a. 父親への尊敬語の分布

図5.12は，話し相手としての自分の父親に対して「明日は家にいるか」と尋ねる場合の表現に関して，動詞「いる」の部分をどのように表現するかについての分布を示している．

関連項目を統一的に扱った地図であるため，やや分かりづらいかもしれないが，左に列挙した凡例で，○を付けた語形は地図上に存在すること，(イルオル) のように記しているのは左側の記号で「いる」や「おる」などに該当する語形が地図上に存在することを表している．この中で尊敬語が用いられている地域に注目すると，西日本に多いものの，東北（会津地方）にも分布がまとまっていることが分かる．

ところで，ここで設定している「自分の父親に対して」という場面は，子どもと親の関係に依存するわけであるが，注意を喚起しておきたいのは，子どもといっても，情報を提供した各地点の話者は，実際の調査時には65歳以上の男性であり，社会的にはすでに成人であるという点である．子どもから父親といっても，小児と保護者の関係にあるものではない．

同一親族内の父親に対して，尊敬語が用いられるというのは，どのようなことが考えられるだろうか．ひとつは，絶対敬語的なものである．絶対敬語性を持つ方言敬語に関しては，真田（1973, 1990）が明らかにした富山県五箇山の例がよく知られている．絶対敬語においては，その性格上，家庭の内外に関係なく特定の人物が尊敬語の対象となる．五箇山方言においては，特定の家格の人物を相手とする表現においては，必ず尊敬語形式が用いられる．

図5.12は，『方言文法全国地図』のデータに基づく．『方言文法全国地図』には，自分の父親を，会話場面における第三者主体として扱う場合（「(自分の

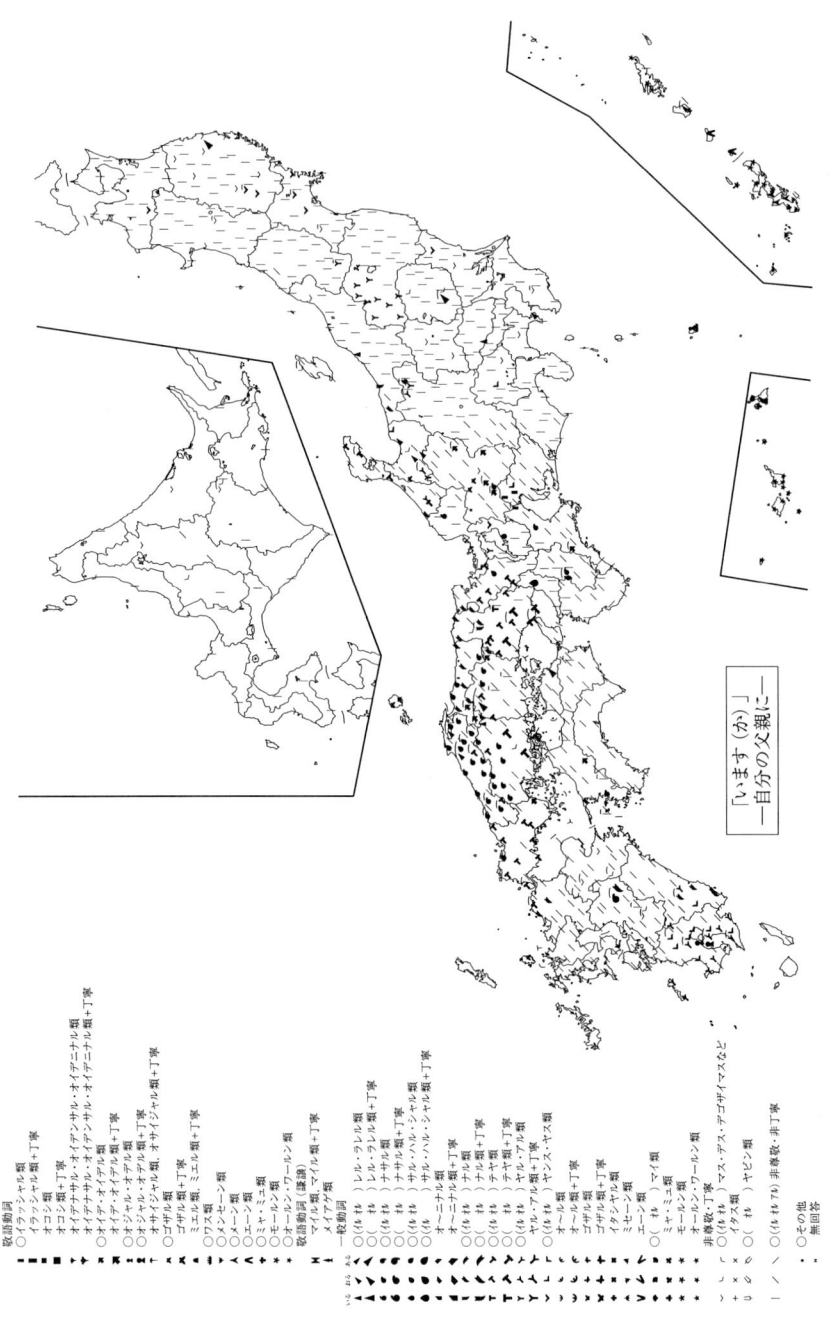

96　第5章　地理情報としての方言

図 5.12　父親への対者尊敬語（『方言文法全国地図』第 6 集 285, 286 図より）

父親が）来ます」）の地図があるが（第6集 315～318図），これらの地図を見る限り，自分の父親を第三者主体として表現する場合には，尊敬語形式の分布にまとまりが，ほとんど見られない．したがって，絶対敬語の現れとして図5.12を見ることは難しい．絶対敬語的な切り口で扱えないとするなら，話し手と話題の人物（正確には表現された文の主体）の間に存在する何らかの関係を基盤とした相対敬語であることになる．同時に，そのような相対敬語は，ウチとソトの関係に依存しながら，ソトに対して，敬語が用いられるものと考えられるが（日高 2007），そのようなウチ・ソトの枠，言い換えるならウチの範囲が，何によって決定されるものなのかを探ることが，次に求められることになる．

ところで，同じ『方言文法全国地図』（第6集）には，図5.12と同様に動詞「いる」に基づき，「土地の目上の人に対して非常に丁寧に」話す場面の地図（281, 282図）と「近所の知り合いにやや丁寧に」話す場面の地図（283, 284図）がある．図5.12と較べるなら，後者の「近所の知り合い」相手の地図の分布が，よく似ていることが分かる．これらから理解されるのは，尊敬語形式を通して見られる自分の父親の扱いは，近所の知り合いに近いということである．

b. 地域社会の集団構成

ここで想起されるのは，特定の社会内での集団構成のありかたである．社会内の集団構成には，親族関係を基盤として集団が構成される同族集団制のほかに，そのような親族の内外で規定されるのではなく，年齢集団に依存するケースがあり，このような集団構成は年齢階梯制とも呼ばれる（宮本 1960：村の寄り合い）．年齢階梯制をとる社会においては，一定の年齢に達すると，親元から独立するとともに，特定の年齢層で構成される集団の一員となる．このことで，年齢階梯制社会においては，年齢集団をもとにウチ・ソトが決定されると考えられる．

年齢階梯制社会においては，成人し親元から独立した人物にとっては，自分の父親であっても，ソトの関係にあり，近所の知り合いと同等であることになる．そのために，尊敬語の機能と分布が，自分の父親相手の場合と，近所の知り合い相手の場合が，相互に類似するのではないかと考えられるわけである．

この集団構成の問題を，家族規模という目で見るなら，年齢階梯制社会では，

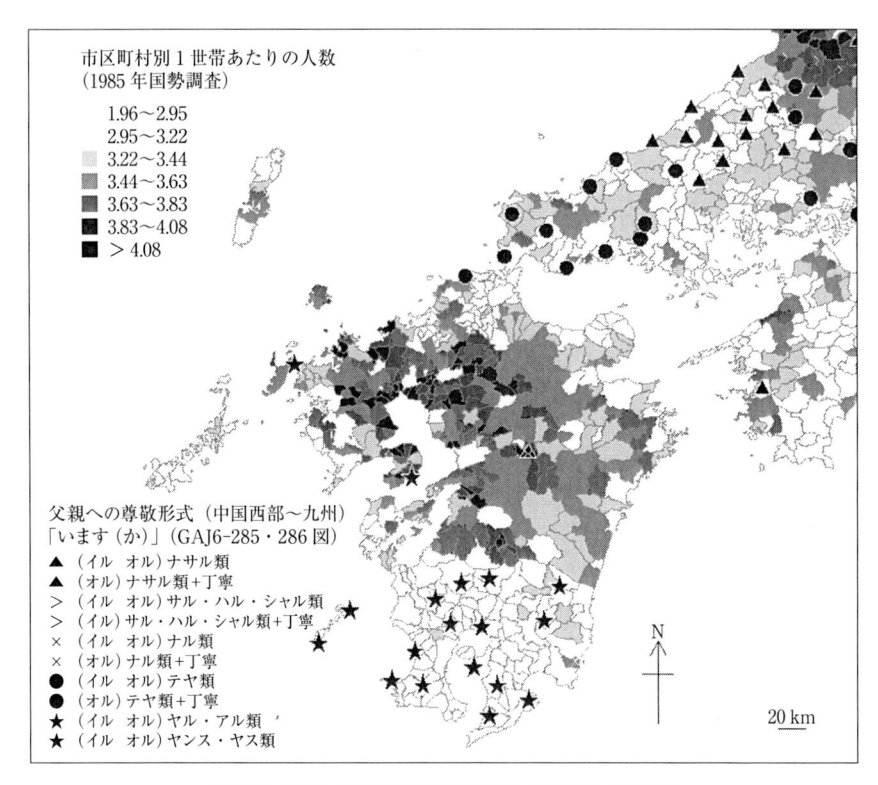

市区町村別1世帯あたりの人数
(1985年国勢調査)

1.96〜2.95
2.95〜3.22
3.22〜3.44
3.44〜3.63
3.63〜3.83
3.83〜4.08
> 4.08

父親への尊敬形式（中国西部〜九州）
「います（か）」(GAJ6-285・286図)
▲ （イル　オル）ナサル類
▲ （オル）ナサル類＋丁寧
> （イル　オル）サル・ハル・シャル類
> （イル）サル・ハル・シャル類＋丁寧
× （イル　オル）ナル類
× （オル）ナル類＋丁寧
● （イル　オル）テヤ類
● （オル）テヤ類＋丁寧
★ （イル　オル）ヤル・アル類
★ （イル　オル）ヤンス・ヤス類

図5.13　父親への対者尊敬語と世帯あたり人数（西日本）

親元からの独立が早いために家族制度が大家族制をとらないことから，1世帯あたりの構成人数が，相対的に少ないことになる．反対に言えば，同族集団制の社会は大家族制であると考えられる．このことは，年齢階梯制社会という地域特性を見るための一つの切り口になると考えられる．図5.13, 5.14には，父親への尊敬語使用と世帯あたり人数との関係を地域ごとに示した．世帯あたりの人数が相対的に少ない地域に，自分の父親への尊敬語が現れやすいことがみてとれる．一般に，年齢階梯制は西日本に，同族集団制は東日本に多いと考えられており，特に東北地方は，絶対的な数値の上でも家族規模が大きい地域が広いが，そのような中にあって，会津地方は相対的に家族規模が小さく，家族規模の分布において周囲を大家族制に囲まれた特異な地域であることが分かる．そのような会津地方で，父親への尊敬語使用が見られるのは，注目される．

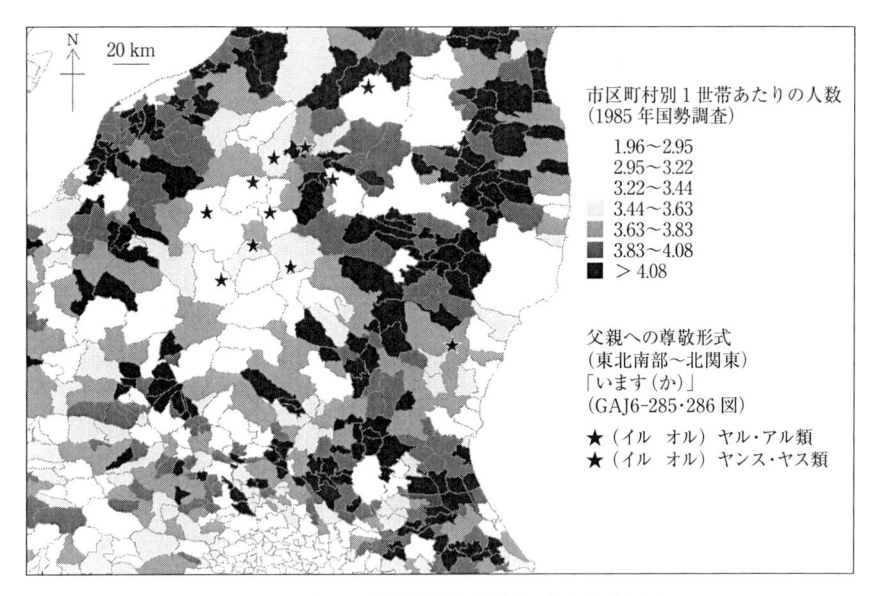

図 5.14 父親への対者尊敬語と世帯あたり人数（東北）

ここで挙げた例が示すように，ことばの分布を決定づけるのは，単に接触による伝播だけではない．ことばの運用を規定する社会構成のありかたという地域特性が，方言の分布という形で，見えてくることもあるわけである（大西 2007a）．

c. 身内尊敬語の性差

ここで，誤解や混乱を避けるために，身内の人物を主体とする尊敬語について，簡単に補足しておく．

身内の人物を第三者主体として表現する場合であっても，尊敬語が用いられる用法は，身内尊敬用法あるいは対外身内尊敬表現などと呼ばれる．例えば，「（自分の父が）おっしゃいました」「（自分の夫が）お読みになります」のような表現であり，これらは，共通語では，一般に誤用とされる．しかし，この用法が，特に西日本を中心とした方言に存在することは，しばしば指摘されてきた．

ところが，上にも記したように，『方言文法全国地図』では，自分の父親を第三者主体として表現することを扱った項目（「（自分の父親が）来ます」）に

尊敬語形式のまとまった分布は見られない．

　ところで，この用法に関する方言記述の用例（加藤 1973，飯豊 1987 など）を検討してみると，いずれも，その使用者が女性であることに気づく．一方，『方言文法全国地図』の対象とする話者は，原則としてすべて男性である．

　これらを合わせて考えるなら，第三者主体としての身内尊敬用法には，男女差が存在すると考えるのが妥当であろう．そうだとするなら，相互のデータは矛盾しないわけである．なお，宮治（1987）でも第三者主体による身内尊敬語に関する調査結果が扱われるが，この調査では話し相手も身内で設定されている点に注意が必要である．

　方言には，男女差が現れにくいと言われることが少なくないが，特に敬語（待遇表現）のような人間関係に依存することばの用法を扱うにあたっては，性差（同時にその性差を生み出す社会的背景）にも十分な配慮が必要であることを示すものである．

7. 方言情報と言語外地理情報の相関と齟齬

(1) 年代的齟齬

　GIS を活用することで，方言という地理情報と言語外の地理情報を重ね合わせて分析できることを述べてきた．GIS を活用した方言の分布研究は，言語地理学の目的をあらためて問い直すとともに，分布形成の原理そのものの考察や検討に立ち戻り，新たな方向に向けての再出発をうながす．

　このような GIS を用いた方言研究においては，方言情報と言語外地理情報の重ね合わせは，もっとも基本的な手法である．しかし，ここで，気をつけておきたいことがある．それは，方言分布形成の要因として言語外地理情報を認定するにしても，言語内外の情報が示す分布の相互間に年代的ずれが存在する可能性である．

　これは，おそらく一般性があるものとして，また，普遍的なこととして，考えられるのではあるが，言語外の条件とそれに関わる言語現象があった場合，言語外の条件が先行して存在し，言語はそれに追従する，あるいは言語の分布はそれを反映するものとしてあとから現れるものであろう．もう少し，敷衍す

るなら，一般に，言語は社会により決定されるが，反対に社会が言語に規定されることは，少ないのではないかということである．

例えば，親族関係と親族名称について考えてみよう．第3章において，社会制度と方言の成立について述べた．そこで述べたのは，長野県秋山郷方言の例であったが，同じように，家督相続権があるかどうかが親族名称の枠組みに関わる地域は東日本に広く知られる．

澤村（2007）は，家督相続権と親族名称の関係を分布に注目して扱った興味深い研究である．東北方言における「弟」を意味するシャテーと家督相続権の関係を考察するもので，分布上の相関を明らかにする．

家督相続権という社会制度と，方言分布の調査時期のずれも勘案することが求められるが，それは当然のこととして，相互の調査時期がほぼ一致していたとしても，おそらくどこかで，分布にずれは生じるものと考えられる．ここで扱われる現象に関して言えば，家督相続権という社会制度が先に存在していたものであり，それに応じて，家督相続権を有さない男子にシャテーという親族名称が与えられたと考えられる．ここで家督相続権という社会制度が衰退したと考えよう．それでも「弟」一般に対するシャテーという語の分布は，非家督相続権者を表す分布を引きずりながら，しばらくの間は残る可能性が十分にある．実際，法令上，そのような社会制度はすでに存在しないわけであり，それにもかかわらず，ことばとしてのシャテーは残っている．

日高（2006）も同様に秋田をフィールドに親族名称を扱う．ここでは親族名称に変動が見られるという．親族名称と社会制度の分布を相互の変容の関係に注目して追跡するなら，どのように言語形式が言語外の条件を追いかけていくのかがとらえられることになりそうだ．

そのような親族名称から離れて，中島（1982）は，津軽・南部といった藩境が藩制廃止以降も，方言の境界として，ながく生き続けていることを明らかにしている．同時代の情報だけではとらえきれない問題が存在することが分かる例である．

(2) 相関の一般性

以上のように，言語内外の地理的情報に離齬が存在する場合，言語外の地理

情報に変動が先に生じ，言語情報の方が取り残されるという序列関係には，一般性があると考えられる．言語による規定が強く働き，そちらが先に変動したために，言語外情報の分布の変動がそれに続くということは，皆無とは言えないかもしれないがきわめてまれであるだろう．

　方言情報と言語外地理情報の示す分布上の相関と齟齬の分析方法については，まだ一般化されているものではない．このことを本格的に追究するためには，個々の現象を説明するための多様な社会的条件に対する十分な知見が要求される．その一方で，方言という言語情報を属性とする地理情報の性質については，方言研究者こそが熟知しているものなのである．その点からするなら，方言の分布を基盤に，同時代的には，すでに必ずしも数値化した客観性をもって表示できなくなってしまった言語外地理情報を推定するような道もあるのではないだろうか．そのように考えるなら，方言情報という地理情報を軸にした分析手法の開発は，地理学はもとより，人文科学一般におおいに寄与する可能性を秘めている．

■引用文献

飯豊毅一（1987）「対外身内待遇表現の調査」『学苑』565号
遠藤秀男（1981）『富士川――その風土と文化――』静岡新聞社
大西拓一郎（2007a）「方言分布の解明に向けて――原点に帰る言語地理学――」『日本語科学』21号
大西拓一郎（2007b）「地理情報システムと方言研究」『方言学の技法』岩波書店
加藤正信（1973）「全国方言の敬語概観」『敬語講座6』明治書院
真田信治（1973）「越中五ヶ山郷における待遇表現の実態――場面設定による全員調査から――」『国語学』93号
真田信治（1990）『地域言語の社会言語学的研究』和泉書院
澤村美幸（2007）「方言伝播における社会的背景――「シャテー（舎弟）」を例として――」『日本語の研究』3巻1号
静岡新聞社（2007）『天竜川百話』静岡新聞社
中島由美（1982）「津軽方言と南部方言の接触地帯に於ける言語差」『国語学』128号
日高水穂（2006）「秋田方言の親族語彙の体系変化に見られる非対称性」真田信治監修，中井精一・ダニエル，ロング・松田謙次郎編『日本のフィールド言語学』桂書房
日高水穂（2007）『授与動詞の対照方言学的研究』ひつじ書房，p.49
宮治弘明（1987）「近畿方言における待遇表現運用上の一特質」『国語学』151号

宮本常一（1960）『忘れられた日本人』未来社；岩波文庫（1984）
矢野桂司（1999）『地理情報システムの世界』ニュートンプレス

第6章
方言の現在・過去・未来

1. 方言の現在

　第2章で日本各地の方言を概説した．実は，そこに記したような特徴は，ちょっと古い時代のことである．その点で，これらは現在の状態と言うよりは，伝統的方言の特徴と言う方が適切である．ただし，完全に失われてしまったものでもなく，また，状況には，地域ごとに異なりがある．それぞれの地域で，年配の適当な人に根気よく尋ねれば，これらの特徴の実際の様子や，現在は使わなくとも記憶の中のこととして聞き出すことは，まだ可能だろう．とはいえ，やはり，地域により，また場所によっては，それもかなり難しくなっていることも事実である．このように伝統的方言は，消滅の危機に瀕している．
　そのような消滅の大きな原因は，共通語の影響によるところが大きい．その一つの背景は，明治以降の教育にある．とりわけ明治中期以降の標準語教育は，国家統一に結びつける形で強制的に行われたことが知られ（柴田 1958），方言撲滅という一つの方向が明示された．しかし，それ以上に，実質的に大きな力を及ぼしたのは，テレビの普及である（馬瀬 1981）．1960年代半ばから急速に，家庭にテレビが浸透する．放映時間・視聴時間が長くなるとともに，集中して視聴していなくとも，テレビがつけっぱなしの状態，いわばマスメディアの垂れ流し的な日常生活は珍しいものではなくなった．このことで，テレビ放送から流れる共通語にさらされ続け，無自覚的にそれに同化するようになる．
　現在の方言の全国的状況を概観するなら，伝統的状態の上に共通語のベール

が大きくかぶさり，かつての状況がかなり見えにくくなってきていると言ってよいだろう．もっとも，見方を変えるなら，共通語のベールをうまくはぎ取れば，伝統的方言は，まだ何とか把握できそうだとも言える．地域ごとに状況が異なる点には注意が必要であるものの，多かれ少なかれ，全国的にこのような状態にあると言えるはずだ．

2. 変異の風俗化

しかしながら，共通語化にともない，すべてが均一化したかというと，実はそうでもない．ことばに関する異なりは相変わらず残っている．実際には，残っているというだけではなく，生まれてきてもいる．しかし，それは，地域社会という地理空間的条件とは，必ずしも結びつかない形で生じてきているもので，細かな地理的異なりに応じた方言という考え方とは，かみ合わないことばの差異になりつつある．

具体的に言うなら，個々人のコミュニケーションの範囲に応じたことばの異なりである．ときに若者ことばと言われるものの一部がそれにあたる．例えば，キャンパスことばのようなものは，一つの典型である．また，インターネットの掲示板型サイトで書き込まれることばにも，独特のものが見られる．職場特有のことばもあるだろう．役所ことばと揶揄されるものの一部もそれに属すると言ってよい．趣味のグループなどに属していれば，そこで使われることばにもほかで用いない，あるいは通じないようなものがあるはずだ．

これらは，ことばの異なりには違いないが，地域社会に根ざしたことばとしての方言とは，かなり異質のものである．コミュニケーション範囲の，いわばカプセル化にともなうもので，変異が風俗化していると言ってもよいだろう．

ところで，キャンパスことばのようなものは，目新しく見えるようでありながら，古くからあることが知られている．例えば，馬瀬（2004）には，旧制松本高等学校のキャンパスことばの例が豊富に挙げられている．ここでは，キャンパスことばを形成することで，学生グループが積極的に他社会との差別化をはかっていたことが知られる．現在の若者ことばの中にも，類似の作用は働いているのではないだろうか．自分たちのコミュニケーショングループを，他の

グループから個別化させようとする積極性である．(21世紀初頭の）ここ数年のことで，どこまで持続するものか分からないが，特に女子高校生たちの間で，伝統的地域方言をコミュニケーションの手段に取り入れようとする動きがある．注意したいのは，彼らが取り込もうとすることばは，彼らが居住する地域のことばとはまったく無関係であることである．気分になじめば，どこのことばであってもよいというもので，選択の上で地域は恣意的なのである．なお，馬瀬（2004）の扱うかつてのキャンパスことばの背景には，エリート意識があったが，近年のものにはそのような意識は，希薄かまったくないという違いはある．しかし，他グループとの差異化という点では共通点が認められる．ある種，アイデンティティの拠り所をことばに求めていると言ってもよいだろう．

　もっとも，発生の原理的なところに着目するなら，伝統的方言の発生にしても，現代的変異にしても，根本はコミュニケーションの範囲の限定性にある点では，共通している．異なるのは，その「範囲」のありかたなのである．

3. 民俗と風俗

　第3章で，方言の形成を考えるにあたり，地域社会と人間集団が密接に結びついていることが基盤であることを述べた．この点で，伝統的方言は，きわめて民俗的性格を有していたと考えられる．これに対し，近年のことばの変異は，人間集団の個別グループ化に平行するもので，社会方言に近づいてきている．しかし，社会方言と呼ぶには，ややためらいをおぼえる．英国の例を一つの典型とする従来から知られるような社会方言においては，個々人の属する社会階層が属性として有効であった．しかし，ネット上のことばなどを考えるなら，それは必ずしも有効ではない．なぜなら，同一人物が，複数のグループに属しつつ，それぞれのグループに適合したことばを使い分けることすらあるからだ．場に合わせて，服装を取り替えるような，まさに風俗的性格を濃くしてきている．

　ところで，われわれは，このような風俗的ことがらを，どこか一過性のものととらえがちである．しかし，やや長い目で観察してみたい．流動的社会情勢に対し，いつかは安定した時代が来ることを期待しがちであるが，思いのほか，

流動は，遅速はあるにしても，とどまることを知らないものであることは経験的に言って少なくない．おそらく旧来の地域に根ざした民俗的なものはどんどん希薄化していくことだろう．それに代わる風俗的なことばの状況は，さらに濃厚になっていく可能性がある．研究の観点からすれば，このような浮動し続ける現実に対処できるような，ことばの変異の分析方法を考えていかなければならない．

4. 現在から見た過去，現在から見た未来

(1) ハレとケのけじめ

共通語化に果たしたテレビの役割は大きなものである．その少し前にはラジオも同様の役割を果たしていたと想像される．テレビやラジオといったメディアは，大きく括れば，広義の芸能である．

先に記したような垂れ流し状態をともないながら，非日常的なハレのことばとして，日常，すなわちケの生活に，これらは入り込んできた．そのように考えるなら，これらのメディアを通じて，ハレのことばとの接触が持たれ，ケの世界に影響を及ぼしたということになる．

やはり第3章の方言の形成において言及したように，メディア時代以前における芸能の影響は少なからず存在したと考えられる．もちろん，芸能史という側面からさらに検討が必要ではあるが，いわゆる文化的中央との間で，パイプ的にことばをつなぐ役割を持っていた可能性は十分にある．

以上のように流れをとらえるなら，芸能の影響は，それなりに古くからあるもので，メディアの時代に入ってからは，姿を変えてその力が発揮されたと考えられる．ただし，現在を含め，テレビ・ラジオといったメディアが十分な普及を果たした時期以降においては，もはやこれらは日常のケの世界に入り込み，ハレの性格が不明瞭になってしまった．

ハレとの接触が，どのように人間心理に影響を及ぼすかという点の考察は必要である．非日常としてのハレである限り頻度は低い．しかし，印象深いものである．このようなものが，ことばの面でどの程度の影響を及ぼし，定着にいたるかという観点からの分析である．おそらく，これを検討していくには，心

理学で知られる選好度のような角度によるアプローチも求められることになるだろう．

　同時に，ハレとケの区分のありかたにも変容があることに注意しなければならない．民俗的世界では，ハレは，例えば農作業の区切りのような，生産活動における年中行事として，時間軸上での明瞭な位置付けを持っていた（宮本1942）．しかし，そのような色彩が希薄化した現代の生活においては，一日の中の息抜き的時間帯にハレが入り込んでいるようなところがある．

　つまり，長期的スパンの中に計画的に盛り込まれたものではなく，日常世界の中に，切れ切れに紛れ込むようなものとして，ハレの芸能が現れてくるのが，今の暮らしなのである．日常世界としてのケの中での，ハレとしての芸能は，時代が移っても存続していると考えられるものの，その現れ方はこのように変化している．つまり，時間的けじめの不明瞭さが生じていることは確かであって，それゆえに，ハレとしての芸能は，ケの世界に紛れ込んでいるようにも見えるのであろう．

　もちろん，表面的に今を見るにしても，芸能というキーワードからの切り口には，まだ多分に留保が求められるかもしれない．しかし，人間の言語生活が持ってきた多様な側面を，個別的・限定的に考える必要はない．現在の生活を徐々にさかのぼる形で，また，反対に流れを下るようにしながら，連続性・不連続性を考察してみたい．

(2) ハレの将来像

　このような見方は，将来を見越す上でも重要である．現在のテレビ・ラジオは，すでに古典的メディアになろうとしている．将来的には，インターネットやデジタル放送を含む，双方向性を持ったメディアが主流を占めるようになるだろう．コミュニケーションのカプセル化もさることながら，双方向の中で芸能というハレの世界はどのようになり，そのことばは，日常世界にどのような影響力を及ぼすようになるのだろうか．なかなか予測のつかないことながら，ちょうどメディア史の切り替わりの時期にあって，その変化を継続的に観察してみたいものである．テレビ同様に，新しいメディアも明瞭なハレであるのは当初のことで，いつかはケの世界に紛れてしまうのかもしれない．ハレとして，

ことばの世界にどのような影響力を発揮するのだろうか．今はまさにハレとして力を示す状況を観察するよい時期なのであって，その具体的状態を見ることで，過去における芸能が及ぼしたことばの影響への考察に，形こそ違え，還元できる可能性がある．

5. 民俗と民族

共通語が全国に行きわたった現在は，民俗の世界に風俗がおおいかぶさったような状況にある．ノスタルジックに考えれば，懐かしい民俗が，風俗により過去の世界に追いやられたともとらえられるだろう．

しかし，このことをもって，民俗の世界こそが，初原状態というのも一方的な決め付けにすぎない．民俗の世界以前もあったかもしれない．今は日本語の方言を民俗として，一筋の流れのもとに考えようとするが，民族の問題として，多元的であった可能性をはじめから排除してはならない．

確実な証明はなされていないものの，成因が未詳な東西対立に関しては，古くから，民族的多元性の反映の可能性が指摘されてきた（馬瀬 1977, 1992）．この点からすれば，風俗以前の懐かしい民俗の世界も，実は民族の世界の上をおおったものなのかもしれない．

民俗，つまり，伝統的方言を求めて，共通語という風俗のベールをはがすように，民俗のカバーの下を求めるなら，民族の世界が垣間見えるのだろうか．民俗の方法を代表する周圏論での説明を阻む東西対立は，この問題を追究する上で，多分に重要な対象なのである．

6. 常民を越えて

同時に，民俗の考え方の基盤となる庶民をどのようにとらえるかは，方法論的にも根幹に関わることがらである．周圏論の基盤は，動かぬ人々，つまり常民として方言話者たちをとらえることにある．宮田（1978）が述べるように民俗学における常民は多義的であるが，従来の方言学は，岩井（1955）のような少数の例を除き，それを基本的に定住し続けてきた人々として扱い，この

点に注意を払うことはほとんどなかった．

　繰り返し述べてきたことであるが，日本の方言学，また，言語地理学は，動かぬ人々の間で行われる伝言ゲームのようにことばが伝播するかのイメージに軸足を置きつつ，その有効性をきちんと検討しないままに展開してきてしまった．隣接伝播というのは，あくまでも一つの仮説的モデルなのである．しかも危ういことに，十分な検証はなされていないのである．動かぬ常民，地を這うような伝播…など，さまざまな前提をもう一度，根本から考えるべきである．

　思えば，これまでの方言研究は，庶民の言語生活の解明を標榜しながら，実際にそこに迫っていたのだろうか．都市市民のステレオタイプ的な農民観で，あるいは農民観と区別のない百姓観（網野 1996, 2003）で，対処してきていなかっただろうか．庶民のことばであることを強調しながら，庶民のありかたを，もっと対象を限定するなら庶民の言語生活を，あいまいにしたまま受け継がれてきた周圏論は，定説的かつ研究の王道のようでありながら，かなり危ういことに気づかないだろうか．

　現実に対象とする常民に対する考え方が内包する問題の一例は，言語地理学的調査の根本にも関わることで，インフォーマントの条件設定にそれが見られる．言語地理学では，対象となる話者を，いわゆる NORM（non-mobile, older, rural, male：生え抜き高年層で地方の男性）に限定してきた．しかし，そもそも，言語地理学の考え方は，接触という言語外的変化要因に根ざすものである．それにもかかわらず，接触を起こす原因となる人の移動を，なぜか情報提供者の条件から排除しているのである．自己矛盾が認められるなら，それはそれとして反省した上で，新たな道を探ることは難しいことだろうか．

7. 方言をとらえる視点

　さて，ここまで，従来の言語地理学が依拠してきた隣接伝播モデルとその上に立つ配列性理論をかなりネガティブに述べてきた．もっともこれは，正直なところ，自戒の念も込めてのことであり，筆者自身これまで方言の分布を考えるにあたり，かなりの部分で従来型の方法に依存してきた．

　ここで，ちょっと立ち止まってみよう．さまざまな観点の必要性を述べてき

たが，隣接伝播モデルそのものを否定したのかというなら，実は，そうではない．重要なのは，先にも述べたように，常識のように語られてきた隣接伝播モデル＝配列性理論が，いまだ検証されない仮説であるということである．一つの仮説であること，ほかにもありえる仮説を十分に想定・考察しないまま，隣接伝播モデルに偏重し依存してきたことが問題なのである．もとより，隣接伝播モデルという仮説が，必要十分な形で実証されたなら，それにのっとった研究はおおいに進められるべきである．したがって，今後はこの重要な位置を占めてきた仮説に対し，その検証を行う努力が求められている．

同時に，一つの仮説としての隣接伝播モデルによる分析が行われてきたのと同様に，さまざまに可能な仮説を立てながら，多様な角度からのアプローチを行いたい．第4章で記したように，言語地理学がその研究の素材とする言語地図は主題図である．主題図というものはそもそも，個別の仮説をもとに描画されるものである．本書は特に，このような，さまざまな仮説の展開を期待しつつ，話を進めてきた．無論，これまでも隣接伝播モデルにのみ立脚しない研究がなされて来なかったわけではない．たとえば，平家落人伝承との照合を試みた川本（1973）は，言語外の情報との関係で，興味深い視点を提示する一つの例と言ってよいだろう．もちろん，隣接伝播モデル同様，これらの観点も仮説として，検証が求められることは当然である．

その際に，ことばだけではなく，それが使われる背景，人間社会，自然環境といったことがらをもう一度，冷静に見つめてみたい．常民的・民俗的ありかたは，そのような状況の一つにすぎず，絶対的基盤とは限らないはずだ．

とはいえ，そのような考察をもとに，さまざまな観点から方言にアプローチすることは，実は，容易なことではなかった．過去の方法に寄り添う立場からすれば，それは仕方がなかった．しかし，言語外に存在する多様な情報を客観的に扱う方法は，身近になってきている．それがまさに地理情報システム（GIS）である．言語地理学という名に沿いながら，地理学的方法や考え方と方言学の成果を融合し，新しい方向に踏み出すべき時期を迎えているのである．

実際，言語外の地理情報は，かなり豊富に準備され，整備されてきている．方言に関わる地理情報も，『方言文法全国地図』のデータのように電算化した形で準備がなされつつある．新たな発想とともに，新しい手法を積極的に取り

入れることが，方言の研究には要求されている．

とはいえ，GIS を用いた研究の世界は，関連科学である地理学においても先端的な性格を有し，地理情報科学という新たな分野の提唱までなされている（村山編 2005, Longley et al 2001）．したがって，ここでの成果のすべてをわれわれ方言学の世界にいきなり導入するのは，困難なはずだ．まずは，GIS の世界に通じた地理学者との連携を通して，われわれはこれまで何を明らかにしてきたのか，何ができるのか，ことばの地理性とは何なのかといったことをよく確認したい．そのような認識のもとで，さまざまな角度からの試行錯誤が求められることだろう．

言語地理学の方法は，いまだ定まってはいないのである．言語地理学が立ち向かう知的冒険のフィールドは，研究対象としての方言自体の多様性同様に，多岐にわたって残されている．

8. 方言の未来を考える

1960 年代に調査され『日本言語地図』で明らかにされたような細かな地域差は，現在どのようになっているのだろうか．実際にその後，調査されたわけではないから，実証されたわけではないが，それがそのままの形で残されているとは，とうてい考えにくい．1980 年代に調査された『方言文法全国地図』であっても同様である．

しかし，それをもって，ことばの地域差がなくなったとは言えない．以前ほどの小地域ごとの違いは見られないにしても，日本全国が同じになってしまったと断言する人はいないはずだ．

例えば，町の南北での異なり，あるいは市の東西での違いといった細かな差異が淘汰されても，全国的な東と西，あるいは本島と九州のような大規模な差は残っており，おそらくこれからも当面消え去ることはないと思われる．ここからするなら，全国的な共通語化は確かにあるにしても，それとは別に，人間の行動範囲の広域化を基盤とする大方言圏化が起こっていると言ってもよいかもしれない．

また，たとえ仕事場や接客場面では共通語を用いる人であっても，家庭やふ

るさとに帰れば，方言で話をするということは多い．このような場面差まで考慮するなら，共通語化の荒波を受けても，方言は生き続けており，佐藤（1996）にならえば，現在を方言安定期ととらえてよさそうだ．

　全国に浸透した共通語の影響の中で，細かな差異が失われても，「安定期」と言われるほどに残る違いは何なのか．そして，どうしてそのような違いが存在し続けるのか．このことを考えるにあたっては，ことばの違いという事態そのものが持つ機能を探ることも必要だろう．あるいは，他との差異を希求する，いわば仲間意識のようなものもあるかもしれない．そのようなものも含め，心理的また質的側面にアプローチすることも必要だ．

　前章の末尾で，藩境と方言について触れた．藩境と方言の異なりの間に相関が見られるのは，人間どうしの交流の希薄さを反映するものと考えられる．現在においても，東と西のような大規模な方言差があるのは，やはり人間の交流のありかたを映し出すものと考えてよい．その際に留意すべきは，交流の量と質である．量的に見るなら，首都圏と関西圏の間には，かなりの交流があるに違いない．しかし，それにもかかわらず，大きな東西差が消失しないとすれば，それはなぜなのか．そこには，交流というものが持つ質的側面を問うことに鍵があると思われる．

　ところで，微細な地理的差異は本当に消失したのだろうか．例えば子どもの遊びに関することばはどうだろう．そもそも行動範囲の狭い子どもの場合，相変わらず，細かな地域差が見いだせるのではないだろうか．

　このことは，『日本言語地図』が示したような細かな地域差が，その後消失したとしても，その傾向が一般化できるものかどうか，問いただすことの必要性も想起させる．「籾殻」「糠」といった対象では，それらの物そのものが，生活の中で持っていた重要性が減少している．物の衰退は，一定の期間を経て，ことばの面でも衰退を引き起こすことが知られている（高橋 1985）．その一方で，新たに生活に必要となったものにおいては，例えば「自転車」を表すさまざまな語形のように，そこにことばの地域差が生じている（井上・鑓水 2002）．「籾殻」「糠」は民俗的である一方で，「自転車」は風俗的である．しかし，風俗の自転車もいずれ民俗になることは，予測されないだろうか．このように考えるなら，風俗と民俗の間は連続している．

9. ことば・人間・地理

　方言について考える際に，常にどこかで意識しておきたいことがある．それは，ことばを使用する人間どうしが，どのように関わり合い，地域差が形成され，現在にいたっているのかということである．

　本章では，風俗・民俗・民族という３つのキーワードをもとに，このことを考えてみた．あるいは，共通語化という一定の力を受けても強固に残り続ける差異は，初期に存在した人間関係の枠組み，つまり民族的なものを，無意識のうちに今に引き継ぐものなのかもしれない（網野 1982）．小さなグループから形成されることから始まり，現在においても異なりを生じさせ続けるきっかけとなっている人間関係は風俗的である．そこに地域と人間の間に密接な関係が認められ，ことばの地域差が一定の分布という形で顕現するなら，民俗になる．

　とはいえ，ことばの地理的差異のすべてを，簡略な原理のもとで説明することなど，とうていできるはずがない．これは，諸種の地域的文化差を，一つの理論で切り取ることが無理であることと同じである．風俗・民俗・民族というのも，多様な観点の一つにすぎない．

　ことばの地域差，地理情報としての方言は，これまで考えられてきた以上に，さまざまな切り口での分析をわれわれに要求している．

■引用文献

網野善彦（1982）『東と西の語る日本の歴史』そしえて；講談社学術文庫（1998）
網野善彦（1996）『続・日本の歴史をよみなおす』筑摩書房；ちくま学芸文庫（2005）
網野善彦（2003）『『忘れられた日本人』を読む』岩波書店
井上史雄・鑓水兼貴（2002）『辞典〈新しい日本語〉』東洋書林
岩井隆盛（1955）「言語から見た海士の出自」『能登——自然・文化・社会』平凡社
川本栄一郎（1973）「富山県庄川流域におけるガ行子音の分布とその解釈」『金沢大学教育学部紀要』22号
佐藤亮一（1996）「方言の衰退と安定」小林　隆・篠崎晃一・大西拓一郎編『方言の現在』明治書院
柴田　武（1958）『日本の方言』岩波新書

高橋顕志（1985）「廃物廃語と無回答（NR）」『国語学』143 号
馬瀬良雄（1977）「東西両方言の対立」『岩波講座日本語 11　方言』岩波書店；馬瀬（1992）に改訂再録
馬瀬良雄（1981）「言語形成に及ぼすテレビ及び都市の言語の影響」『国語学』125 号
馬瀬良雄（1992）『言語地理学研究』桜楓社
馬瀬良雄（2004）『信州のことば――21 世紀への文化遺産』信濃毎日新聞社
宮田　登（1978）『日本の民俗学』講談社学術文庫
宮本常一（1942）『民間暦』六人社；講談社学術文庫（1985）
村山祐司編（2005）『シリーズ人文地理学 1　地理情報システム』朝倉書店
Longley, P. A., Goodchild, M. F., Maguire, D. J. and Rhind, D. W. (2001) *Geographic Information Systems and Science*, John Wiley & Sons

索　引

あ　行

会津　98
アイデンティティ　46, 106
赤石山脈　84
秋山郷　40, 41
秋山郷方言　101
奄美方言　20
誤った回帰　29
誤れる回帰　29
安定期　113

異言語の方言化　43, 76
威光　26, 37
意志動詞　42
移住　43
伊勢参り　32
緯度　79
伊那谷　84
インターネット　105, 108

ウザイ・ウザッタイ　93
ウチ　97
雲伯方言　17

影響力　26
エリート意識　106

大糸線　84
沖縄方言　21
親不知　85
音韻対応　2
音韻変化　35

か　行

外的変化　26
家格　95
『蝸牛考』　59
革新性(的)　69, 70
過剰修正　29
仮説　111
河川　94
家族規模　97
学区（校区）　32
　　──と方言　32
活用　7
家督相続（権）　40, 101
カプセル化　105
釜無川　94
関係性　63, 93
関東方言　14

記号法　54
木地師　31
基層　44
基礎語彙　3
木曾山脈　84
北アルプス　84
規範力　69
岐阜　86
　　──のナイ　86, 87
義務表現　59
逆周圏分布　58, 64, 68, 69
キャンパスことば　105
九州方言　18
行商　31

共通語　4
共通語化　86
共有化　46
漁業　31
漁業語彙　39
近畿方言　16

空間情報　78
空間距離　89
熊野詣　32
グリムの法則　35
クレオール　43

ケ　107
掲示板型サイト　105
経度　79
芸能　33, 107
形容詞連用形　84
言語記号の恣意性　59
言語情報　78, 102
言語地図　51, 111
言語地理学　54, 59, 69, 110, 111
『言語地理学の方法』　59
言語と方言　2
言語変化　45
言語問題　69
検証　111

校区（学区）　32
構造　5
交通路　84
後背地　32

索　引

甲府盆地　85, 94
合理性　37
交流関係　63
五箇山　95
五箇山方言　95
国語調査委員会　72
国立国語研究所　54, 57
語形記入法　51, 54
「語ごとに歴史がある」　69
子どもの遊び　113
混交（混淆）　29
金比羅参り　32

さ 行

先島方言　21
薩隅方言　19
サブストレイタム　44
差別化　105
サ変動詞「する」　71
サンカ　31
山陽本線　91

時間的配列　89
時間と距離　63
志向的心理　37
四国方言　18
自然界のとらえ方　41
自然環境　111
自然条件　41
自然な言語変化　64
自然に対する思考　41
市町村合併　51
質的側面　113
芝居見物　33
柴田武　59
社会階層　106
社会制度　40, 101
社会方言　106
シャター　101
宗教活動　32
周圏分布　58, 69
周圏論　109
集団の移動　32

周辺分布の原則　59
主題図　54, 57, 111
受容　46
巡業　33
庄内　7
消費活動　31
常民　109
消滅の危機　104
女性　100
庶民　109
人口　88
人口密度　87
親族関係　101
親族名称　101
人的交流　93
新方言　93

水準化　35, 64
水路　94
スコープ　6
ズラとラ　5
諏訪地方　5

整合化　36
性差　100
生産活動　31
西部方言　16
接触　26, 30, 63
絶対敬語　95
線　79
選好度　108

相関の一般性　101
相続制度　40
相対敬語　97
双方向性　108
ソト　97
尊敬語　95

た 行

対外身内尊敬表現　99
大家族制　98
体系性　5

体系的性質　5
第三者主体　95
大都市　32
大方言圏化　112
多元的　109
正しさ　9
男女差　100
男性　100

地域社会　24, 105
地域特性　99
力関係　26
地形図　54, 57
地図　54
父親への尊敬語　95
地方共通語　4
地名　49
中央アルプス　84
中国方言　17
中心地　27
地理学　112
地理空間　24
地理空間的条件　105
地理情報　80, 102
地理情報科学　112
地理情報システム　81, 111
地理的配列　44
地理的隣接性　63, 24
地を這うような伝播　110
地を這うように伝わっていく　58

通勤　31
通婚圏　32
氷柱　41
鶴岡市大山　7
定住　109
ティーセン多角形　57
出稼ぎ　32
デジタル放送　108
鉄道　84, 91
テレビの普及　104

点　79
伝言ゲーム　90
伝統的方言　104
伝播　26

同音衝突　28
東海東山方言　15
東西対立　58, 72, 82, 109
杜氏　31
動詞否定辞　84, 86, 94
同族集団制　97
東部方言　13
東北方言　13
都市性　91
飛び地的分布　94

な 行

内的変化　34

二段活用　70
『日本言語地図』　54, 57
人間社会　111
人間集団　24

塗りつぶし法　57

年代的ずれ　100
年代的齟齬　100
年中行事　108
年齢階梯制　97

農民観　110

は 行

配列性理論　45, 58, 63, 89, 110
八丈方言　15
波紋　90
ハレ　33, 107
藩境　101
凡例　54

ピジン　43

飛驒山脈　84
肥筑方言　19
否定辞　72
非定住(型)集団　31, 43
百姓観　110
標高　83, 86
標準語　4
標準語教育　104
比例式　35
ヒンターランド　32

風俗　109, 114
風俗化　105
風俗的性格　106
笛吹川　94
富士川　94
文化水準　90
文化的威光　91
文化的志向　26
分布の類型　57
文法化　36, 64

平家落人伝承　111

方言　1
　――の起源　23
　――の現在　104
　――の定義　1
　――の文法　5
方言安定期　113
方言区画　11
方言区画論　11
方言周圏論　58, 59, 90
方言情報　102
　――と標高　82
方言地図　51
『方言文法全国地図』　54, 57
方言撲滅　104
放射　26
豊日方言　18
北陸方言　16
保守性(的)　69, 70
北海道方言　13, 43

ボロノイ図　57
ボロノイ分割　57

ま 行

身内尊敬語　99
身内尊敬用法　99
南アルプス　84
都のことば　93
宮本常一　30
民間語源　30
民衆語源　30
民俗　109, 114
民族　109, 114
民俗的性格　106
民族的多元性　109

無意志動詞　42

メディア史　108
面　79

物の衰退　113

や 行

柳田國男　59

雪に関する語彙　41

養蚕語彙　39

ら 行

ラ行五段化　64
ラ抜き言葉　69

俚言　1
立体　87
立体図　86
琉球方言　20
隣接　26
隣接伝播　110
隣接伝播モデル　44, 58, 63, 89, 110
隣接分布の原則　59

類音牽引　28
類型化　58
類推　35, 64, 70

歴史的順序　63

レンジ　85

欧　文

GIS　81, 111

GPS　81
NORM　110

著者略歴

大西拓一郎（おおにしたくいちろう）
1963年　大阪府に生まれる
1989年　東北大学大学院文学研究科
　　　　修士課程修了
現　在　国立国語研究所研究開発部門
　　　　主任研究員

シリーズ〈現代日本語の世界〉6
現代方言の世界　　　　　　　　　定価はカバーに表示

2008年6月10日　初版第1刷
2019年2月25日　　　第4刷

著　者　大　西　拓　一　郎
発行者　朝　倉　誠　造
発行所　株式会社　朝　倉　書　店
　　　　東京都新宿区新小川町6-29
　　　　郵便番号　162-8707
　　　　電　話　03(3260)0141
　　　　ＦＡＸ　03(3260)0180
　　　　http://www.asakura.co.jp

〈検印省略〉

ⓒ 2008〈無断複写・転載を禁ず〉　　　　　教文堂・渡辺製本

ISBN 978-4-254-51556-5　C 3381　　　Printed in Japan

JCOPY ＜出版者著作権管理機構 委託出版物＞
本書の無断複写は著作権法上での例外を除き禁じられています．複写される場合は，
そのつど事前に，出版者著作権管理機構（電話 03-5244-5088, FAX 03-5244-5089,
e-mail: info@jcopy.or.jp）の許諾を得てください．

好評の事典・辞典・ハンドブック

脳科学大事典	甘利俊一ほか 編	B5判 1032頁
視覚情報処理ハンドブック	日本視覚学会 編	B5判 676頁
形の科学百科事典	形の科学会 編	B5判 916頁
紙の文化事典	尾鍋史彦ほか 編	A5判 592頁
科学大博物館	橋本毅彦ほか 監訳	A5判 852頁
人間の許容限界事典	山崎昌廣ほか 編	B5判 1032頁
法則の辞典	山崎 昶 編著	A5判 504頁
オックスフォード科学辞典	山崎 昶 訳	B5判 936頁
カラー図説 理科の辞典	山崎 昶 編訳	A4変判 260頁
デザイン事典	日本デザイン学会 編	B5判 756頁
文化財科学の事典	馬淵久夫ほか 編	A5判 536頁
感情と思考の科学事典	北村英哉ほか 編	A5判 484頁
祭り・芸能・行事大辞典	小島美子ほか 監修	B5判 2228頁
言語の事典	中島平三 編	B5判 760頁
王朝文化辞典	山口明穂ほか 編	B5判 616頁
計量国語学事典	計量国語学会 編	A5判 448頁
現代心理学［理論］事典	中島義明 編	A5判 836頁
心理学総合事典	佐藤達也ほか 編	B5判 792頁
郷土史大辞典	歴史学会 編	B5判 1972頁
日本古代史事典	阿部 猛 編	A5判 768頁
日本中世史事典	阿部 猛ほか 編	A5判 920頁

価格・概要等は小社ホームページをご覧ください.